'21세기 세계 최초, 대한민국 최초' 원어민 발음과 회화력 해결 안내

영어 발음과 회화
답이 보인다

Just move your mouth
Only every day
For your English
Conversation

류기오 지음

영어 발음과 회화
답이 보인다

펴 낸 날   2024년 6월 25일

지 은 이   류기오
펴 낸 이   이기성
기획편집   이지희, 윤가영, 서해주
표지디자인   이지희
책임마케팅   강보현, 김성욱
펴 낸 곳   도서출판 생각나눔
출판등록   제 2018-000288호
주　　소   경기도 고양시 덕양구 청초로 66, 덕은리버워크 B동 1708, 1709호
전　　화   02-325-5100
팩　　스   02-325-5101
홈페이지   www.생각나눔.kr
이 메 일   bookmain@think-book.com

• 책값은 표지 뒷면에 표기되어 있습니다.
　ISBN 979-11-7048-697-8 (03740)

세계 최초, 대한민국 최초
원어민 발음과 회화력 해결 안내

발명특허
출원
10-2006-0099845

영어 발음과 회화
답이 보인다

류기오 지음

생각나눔

류삿갓이 영어 Phonics와 회화의 길을 방랑(放浪)하면서...

40년 이상 영어 발음과 영어 회화 교육을 진행해 오면서
효과적이고 능률적인 영어 phonics
연습 방법을 찾아내기 위해서
고민과 공부, 연구를 반복하고 거듭하면서…

끝내 발명하여!

영어의 원어민 발음을 고민하고 바른 학습을
원하는 여러분 앞에
21세기 4차 산업혁명 시대!
혁신적인 방법을 내놓았습니다.

'21세기 최초 세계 최초, 대한민국 최초'
류기오式 한국형 영어 Phonics 연습
Ground 요령標표로
영어 발음을 원어민처럼 해낼 수 있도록
창안한 것입니다.

영어 회화를 잘 해내기 위해서는
시간·노력·인내·연습의 정신무장을
해야 합니다.

마라톤 선수가 '발'로 연습한다면
영어 회화 학습자는 '입'으로 연습해야 합니다.

따라서
논리적으로 부지런히, 열심히
'입'이 많이 바쁘면
영어 원어민 발음이나 영어 회화를
욕심껏 해낼 수 있습니다.

그러므로
첫걸음인 영어 발음은 창안자인 류기오가
제안한 논리대로 잘 연습하면
영어적 원어민 발음의 능력과 기능을
만들어 낼 수 있습니다.

원리원칙대로 그 특징과 기능을
학습자 스스로 이해하면서
'입'으로 천천히 원어민 발음 감각을
연습하면 원어민 발음은 이루어집니다!

영어회화의 표현 감각과 회화력을 키우기 위해서 몇십 년간 효과적인 방법 연구를 거듭 거듭하여 '21세기 세계 최초, 대한민국 최초'로 유일한 이 책을 통해서 영어회화에 희망을 갖고 있는 학습자, 영어회화에 고민하고 있는 학습자, 영어회화 공부를 포기한 학습자, 영어회화 공부를 처음 하는 학습자, 대학에서 영어 영문학과 전공을 했어도 회화력이 부족한 학습자, 생활영어 고급영어를 희망하고 있는 학습자, 이 학습자들에게 100% 효과를 볼 수 있는 다음 두 가지 요령을 service 합니다.

'21세기 세계 최초, 대한민국 최초'
A. 류기오式 영어회화 징검다리 話法화법(Stepping – stone Thinking)
'21세기 세계 최초, 대한민국 최초'
B. 류기오式 영어회화 징검다리 듣기(Stepping – stone Understanding)

반드시 재미있게 실천합시다!
원어민 발음과 회화력은 이 책(册)으로 해결합시다!

21세기 4차 산업혁명 시대의 학습자 여러분!

이 책(册)을 붙들고 재미로 100번 이상을 연습하여 영어회화 원어민 발음 감각과 영어 회화력을 확실하게 완성해냅시다. 이를 바탕으로 21세기 4차 산업혁명시대 세계무대를 활동하는 데 있어서 '녕어회화'를 마음껏 잘하는 사람으로 성장하기를 진심으로 기원합니다.

※ 신나게 재미있게 즐겁게 원어민 발음을 연습하여 익숙해진 느낌과 영어 회화가 저절로 시작이 되었던 느낌의 소감을 p.236에 작성해 주세요.

2024년 6월 쌍문동 서재에서

류 기 오

학부모님께

학부모님이 귀한 자녀들에게 교육 열정을 쏟아내는
정신은 대단하시고 존경합니다.

인생의 경험자인 학부모님이 자녀 교육관
(고정 교육관, Frame education world)으로
교육하시는 것은 좋습니다.
그러나 첫째도 둘째도 아무리 어린 세 살 자녀라도
그리고 초, 중, 고 청소년 자녀까지
이들의 의견과 생각을 존중하고 경청해야 합니다.
즉 이들이 싫다 좋다 말하면 즉시 받아 주셔야 합니다.
하고 싶다, 좋다 말하면
교육 안내와 교육을 하고,
하고 싶지 않다, 싫다 말하면
교육 안내와 교육을 중단해야 합니다.

자녀 인생은 자녀 스스로 목표를 향해 가려고
고민과 노력 속에 있습니다. 남이 하니까 내 자식도 해야지 하면서
이끌면 안됩니다. 자녀에게 조언, 충고도 지나치면
아니한 것만 못합니다. 영어 English 하기 싫다 말하면
절대로 훈육성 교육 안내를 하면 안 됩니다.
오히려 부모 자식 사이 틈만 생깁니다.
정말로 자녀가 열심히 해 보겠다고 의사 표현을
강력하게 말할 때 시키고 도와주어야 합니다.

2024년 6월 쌍문동 서재에서

교육 상담 전문가
Korea 공부문화연구원 원장　　류 기 오 드림

Contents

PART 2 | 영어 회화력 키우기

PART 1

영어 원어민 발음 해결하기

Chapter 1

연습 Ground에서
꼭! 지켜야 할 것들

영어 회화에서 영어단어의 Phonics를 바르게 원리원칙대로 익혀져야 함은 아무리 강조를 해도 지나치지 않음을 말하고 싶다.

반드시 아래의 내용들을 지켜야 올바른 영어단어의 Phonics으로 세련된 영어 회화, 멋진 영어 회화가 가능해진다.

A. 원어민 영어Phonics의 3가지 특징

① 입 모양

② 혀 위치

③ 유성음(성대가 떨림) · 무성음(성대가 떨리지 않음)

B. Phonics할 때 주의사항

모든 Phonics에서는 원어민 영어Phonics의 3가지 특징 중 반드시 2가지 이상의 원칙이 적용 된다.

원어민처럼 Phonics하려면 꼭 2가지 이상의 특징과 기능을 지켜야 한다.

C. 자음과 모음을 결합(조합)해서 소리를 내는 원리가 한국어와 영어는 전혀 다르다.

> **예**
>
> · ㄱ + ㅏ = 가
>   한국어에서는 자음의 음가가 없으며, 모음이 결합함으로써 그 값을 해내는 한 음절 소리를 낸다.
>
> · g(그) + a(아) = ga(그아)
>   영어단어 소리는 자음의 음가가 있어서 자음소리의 특징과 모음소리의 특징을 각각 내 한 음절 소리를 낸다.

따라서 모든 영어단어 소리는 한국어 글자로 써서 익힐 수도 없고 한국어의 자음, 모음을 결합하듯 해서 소리를 내면 한국어식 소리가 되어 원어민 영어단어 소리가 될 수 없다.

D. 영어 발음의 터득은 '눈'으로 이해해가는 공부가 아니므로 꼭 '입'으로 연습한다는 자세가 필요하다.

E. 원어민의 Phonics 감각이 되려면 영어 자음 특징의 Phonics를 하면서 동시에 모음 Phonics의 특징을 하는 것이 영어 단어의 원래 Phonics 현상이라는 것을 알아야 한다.

> ### 예
>
> [tent]
>
> ·한국어식 → 텐트
>
> ·영어식 → 트 + 에 +느 +트
>
> * 한국어 Phonics은 받침소리가 있기도 하고 없기도 함.
> * 모든 영어Phonics은 받침소리가 없음.
> * 모든 영어Phonics은 한 음절 소리를 낼 때 한국어 표기 '텐트', '밀크'처럼 받침소리를 내는 경우는 전혀 없음.

F. 따라서 영어 단어 Phonics을 해낼 때 영어 단어의 자음·모음 모든 철자(Alphabet) 소리의 특징을 Phonics하면 그 단어의 원어민 단어 소리가 된다.

단, climb, thumb, grandfather, landscape 등 묵음 b, d이 있을 때는 예외.

PART 1

영어 원어민 발음 해결하기

'21세기 세계 최초, 대한민국 최초'

류기오式 한국형
영어 Phonics 연습 Ground
요령標표

'21세기 세계 최초, 대한민국 최초'

류기오式 한국형 영어 Phonics 연습 Ground 요령標표 특수비법

'아, 야, 어, 여, 오, 요, 우, 유, 으, 이'

'a, ya, eo, yeo, o, yo, u, yu, eu, i'

를 말하면서 동시에 영어 자음자들의 각각의 특징과 기능을 부드럽고 쉽게 익히는 비법.

1. 영어 Phonics내는 원리

한국어처럼 '자음 +모음'으로 해서 Phonics를 하는 것이 아니며, 영어는 '자음 음가 소리 + 모음 음가 소리'를 각각 동시에 Phonics하는 원리이다.

2. 연습 요령

한국어 '아, 야, 어, 여, 오, 요, 우, 유, 으, 이'를 말할 때 원어민의 자음 음가의 특징과 기능들을 천천히 해 보면 원어민의 자음 특징과 기능의 Phonics 감각을 느낄 수 있으며, 30~50번 연습을 할수록 신기하고 재미있게 익혀지게 되는 연습 요령이다.

3. 연습할 때 절대 주의

가	갸	거	겨	고	교	구	규	그	기
나	냐	너	녀	노	뇨	누	뉴	느	니
다	댜	더	뎌	도	됴	두	듀	드	디
라	랴	러	려	로	료	루	류	르	리
마	먀	머	며	모	묘	무	뮤	므	미
바	뱌	버	벼	보	뵤	부	뷰	브	비
사	샤	서	셔	소	쇼	수	슈	스	시
아	야	어	여	오	요	우	유	으	이
자	쟈	저	져	조	죠	주	쥬	즈	지
차	챠	처	쳐	초	쵸	추	츄	츠	치
카	캬	커	켜	코	쿄	쿠	큐	크	키
타	탸	터	텨	토	툐	투	튜	트	티
파	퍄	퍼	펴	포	표	푸	퓨	프	피
하	햐	허	혀	호	효	후	휴	흐	히

발음하듯 하면 원어민 영어 Phonics 감각과 기능을 절대로 익힐 수 없다.

"원어민 영어 발음 감각을 신나게 익혀 냅시다!"

· 발명특허출원일 2006년 10월 13일 · 발명특허출원번호 10-2006-0099845

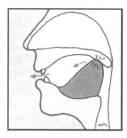

g (그 : 음가), ㄱ

특징 혀 위치 / 유성음

ga.	gya.	geo.	gyeo.	go.	gyo.	gu.	gyu.	geu.	gi.
(그아)	(그야)	(그어)	(그여)	(그오)	(그요)	(그우)	(그유)	(그으)	(그이)

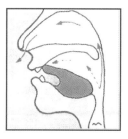

n (느 : 음가), ㄴ

특징 혀 위치 / 유성음

na.	nya.	neo.	nyeo.	no.	nyo.	nu.	nyu.	neu.	ni.
(느아)	(느야)	(느어)	(느여)	(느오)	(느요)	(느우)	(느유)	(느으)	(느이)

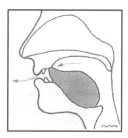

d (드 : 음가), ㄷ

특징 혀 위치 / 유성음

da.	dya.	deo.	dyeo.	do.	dyo.	du.	dyu.	deu.	di.
(드아)	(드야)	(드어)	(드여)	(드오)	(드요)	(드우)	(드유)	(드으)	(드이)

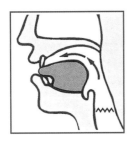

th (드 : 음가), ㄷ

특징 혀 위치 / 유성음

tha.	thya.	theo.	thyeo.	tho.	thyo.	thu.	thyu.	theu.	thi.
(드아)	(드야)	(드어)	(드여)	(드오)	(드요)	(드우)	(드유)	(드으)	(드이)

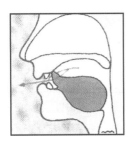

l (르 : 음가), ㄹ

특징 혀 위치 / 유성음

la.	lya.	leo.	lyeo.	lo.	lyo.	lu.	lyu.	leu.	li.
(르아)	(르야)	(르어)	(르여)	(르오)	(르요)	(르우)	(르유)	(르으)	(르이)

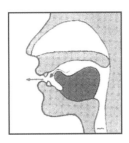

r (르 : 음가), ㄹ

특징 혀 위치 / 유성음

ra.	rya.	reo.	ryeo.	ro.	ryo.	ru.	ryu.	reu.	ri.
(르아)	(르야)	(르어)	(르여)	(르오)	(르요)	(르우)	(르유)	(르으)	(르이)

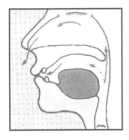

m (므 : 음가), ㅁ

특징 입모양 / 유성음

ma.	mya.	meo.	myeo.	mo.	myo.	mu.	myu.	meu.	mi.
(므아)	(므야)	(므어)	(므여)	(므오)	(므요)	(므우)	(므유)	(므으)	(므이)

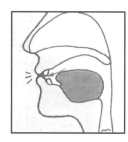

b (브 : 음가), ㅂ

특징 입모양 / 유성음

ba.	bya.	beo.	byeo.	bo.	byo.	bu.	byu.	beu.	bi.
(브아)	(브야)	(브어)	(브여)	(브오)	(브요)	(브우)	(브유)	(브으)	(브이)

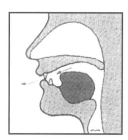

v (브 : 음가), ㅂ

특징 입모양 / 유성음

va.	vya.	veo.	vyeo.	vo.	vyo.	vu.	vyu.	veu.	vi.
(브아)	(브야)	(브어)	(브여)	(브오)	(브요)	(브우)	(브유)	(브으)	(브이)

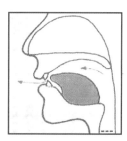

s (스 : 음가), ㅅ

특징 혀 위치 / 무성음

sa.	sya.	seo.	syeo.	so.	syo.	su.	syu.	seu.	si.
(스아)	(스야)	(스어)	(스여)	(스오)	(스요)	(스우)	(스유)	(스으)	(스이)

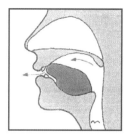

z (즈 : 음가), ㅈ

특징 혀 위치 / 유성음

za.	zya.	zeo.	zyeo.	zo.	zyo.	zu.	zyu.	zeu.	zi.
(즈아)	(즈야)	(즈어)	(즈여)	(즈오)	(즈요)	(즈우)	(즈유)	(즈으)	(즈이)

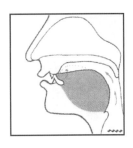

j (쥐 : 음가)

특징 입 모양 / 혀 위치 / 유성음

ja.	jya.	jeo.	jyeo.	jo.	jyo.	ju.	jyu.	jeu.	ji.
(쥐아)	(쥐야)	(쥐어)	(쥐여)	(쥐오)	(쥐요)	(쥐우)	(쥐유)	(쥐으)	(쥐이)

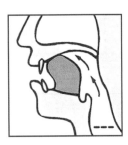

ch (취 : 음가)

특징 입 모양 / 혀 위치 / 무성음

cha.	chya.	cheo.	cheo.	cho.	chyo.	chu.	chyu.	cheu.	chi.
(취아)	(취야)	(취어)	(취여)	(취오)	(취요)	(취우)	(취유)	(취으)	(취이)

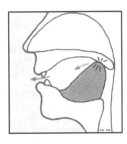

c (크 : 음가), ㅋ

특징 혀 위치 / 무성음

ca.	cya.	ceo.	cyeo.	co.	cyo.	cu.	cyu.	ceu.	ci.
(크아)	(크야)	(크어)	(크여)	(크오)	(크요)	(크우)	(크유)	(크으)	(크이)

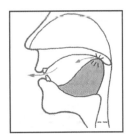

k (크 : 음가), ㅋ

특징 혀 위치 / 무성음

ka.	kya.	keo.	kyeo.	ko.	kyo.	ku.	kyu.	keu.	ki.
(크아)	(크야)	(크어)	(크여)	(크오)	(크요)	(크우)	(크유)	(크으)	(크이)

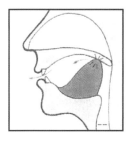

q (크 : 음가), ㅋ

특징 혀 위치 / 무성음

qa.	qya.	qeo.	qyeo.	qo.	qyo.	qu.	qyu.	qeu.	qi.
(크아)	(크야)	(크어)	(크여)	(크오)	(크요)	(크우)	(크유)	(크으)	(크이)

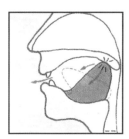

x (크스 : 음가), ㅋ ㅅ

특징 혀 위치 / 무성음

xa.	xya.	xeo.	xyeo.	xo.	xyo.	xu.	xyu.	xeu.	xi.
(크스아)	(크스야)	(크스어)	(크스여)	(크스오)	(크스요)	(크스우)	(크스유)	(크스으)	(크스이)

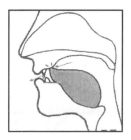

t (트 : 음가), ㅌ

특징 혀 위치 / 무성음

ta.	tya.	teo.	tyeo.	to.	tyo.	tu.	tyu.	teu.	ti.
(트아)	(트야)	(트어)	(트여)	(트오)	(트요)	(트우)	(트유)	(트으)	(트이)

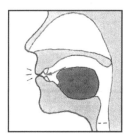

p (프 : 음가), ㅍ

특징 입 모양 / 무성음

pa.	pya.	peo.	pyeo.	po.	pyo.	pu.	pyu.	peu.	pi.
(프아)	(프야)	(프어)	(프여)	(프오)	(프요)	(프우)	(프유)	(프으)	(프이)

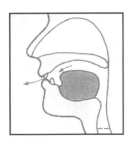

f (프 : 음가), ㅍ

특징 입 모양 / 무성음

fa.	fya.	feo.	fyeo.	fo.	fyo.	fu.	fyu.	feu.	fi.
(프아)	(프야)	(프어)	(프여)	(프오)	(프요)	(프우)	(프유)	(프으)	(프이)

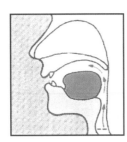

h (흐 : 음가), ㅎ

특징 입 모양 / 혀 위치 / 무성음

ha.	hya.	heo.	heo.	ho.	hyo.	hu.	hyu.	heu.	hi.
(흐아)	(흐야)	(흐어)	(흐여)	(흐오)	(흐요)	(흐우)	(흐유)	(흐으)	(흐이)

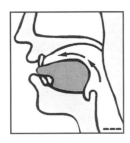

th (쓰 : 음가) ㅆ

특징 혀 위치 / 무성음

tha.	thya.	theo.	thyeo.	tho.	thyo.	thu.	thyu.	theu.	thi.
(쓰아)	(쓰야)	(쓰어)	(쓰여)	(쓰오)	(쓰요)	(쓰우)	(쓰유)	(쓰으)	(쓰이)

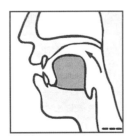

sh (쉬 : 음가)

특징 입 모양 / 혀 위치 / 무성음

sha.	shya.	sheo.	sheo.	sho.	shyo.	shu.	shyu.	sheu.	shi.
(쉬아)	(쉬야)	(쉬어)	(쉬여)	(쉬오)	(쉬요)	(쉬우)	(쉬유)	(쉬으)	(쉬이)

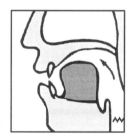

si (쉬 : 음가)

특징 입 모양 / 혀 위치 / 유성음

sia.	siya.	sieo.	siyeo.	sio.	siyo.	siu.	siyu.	sieu.	sii.
(쉬아)	(쉬야)	(쉬어)	(쉬여)	(쉬오)	(쉬요)	(쉬우)	(쉬유)	(쉬으)	(쉬이)

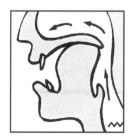

ng (응 : 음가) ㅇ

특징 혀 위치 / 무성음

nga.	ngya.	ngeo.	ngeo.	ngo.	ngyo.	ngu.	ngyu.	ngeu.	ngi.
(응아)	(응야)	(응어)	(응여)	(응오)	(응요)	(응우)	(응유)	(응으)	(응이)

PART 1

영어 원어민 발음 해결하기

'21세기 세계 최초, 대한민국 최초'

류기오式 한국형
영어 Phonics
연습 Ground요령標표
연습방법

류기오式 한국형 영어 Phonics 연습 Ground요령標표 연습방법

A.

한국어의 모음 '아, 야, 어, 여, 오, 요, 우, 유, 으, 이'를 발음할 때 영어 자음들의 특징과 기능을 결합하여 Phonics상에 영어 자음의 특징과 기능을 연습하게 되어 원어민처럼 영어 Phonics 감각을 익히게 하는 독특한 『류기오式 한국형 영어 Phonics 연습 Ground』 연습방법이며 비법이다.

B.

다시 말하자면, 영어 자음 음가의 특징과 기능을 각각 익히기가 어렵기 때문에 한국어의 '아, 야, 어, 여, 오, 요, 우, 유, 으, 이'를 발음할 때 동시에 원어민이 하는 영어 자음 음가의 특징과 기능대로 연습을 해가면 신기하고 재미있게 원어민이 하는 영어 자음 음가의 특징과 기능을 자연스럽게 익히기가 쉬운 방법이며, 창안된 독특한 영어 Phonics 연습비법이다.

PART 1 ——————————
영어 원어민 발음 해결하기

Chapter 4

Alphabet의 쓰기 순서와
Sound 발음 요령

Alphabet sound를 제대로 알고 원어민 발음을 해내자

A. 연필이나 pen으로 Alphabet의 철자 26개를 학습자 마음대로 쓰지 말고, Alphabet의 철자를 처음 대하는 초심자처럼 쓰기순서대로 익숙해지는 학습 자세가 필요하다.
   따라서 Alphabet 철자 쓰기가 재미있어지고 친숙해 진다.

B. 영어 단어의 원어민 발음 별것 아니다.
   Alphabet sound 발음 요령대로 연습을 하여 익숙해 지면 원어민 발음이 된다.

C. 원어민 English Phonics의 원리가 Alphabet의 sound에서 시작된다. 이를 지켜서 연습하는 것이 바라는 영어 발음이 되는 원리 원칙이다. 비슷한 원어민 영어 발음으로 만들고 싶으면 절대로 한국어 발음식대로 하면 안 된다. 발음의 기초가 Alphabet에 있다.

D. Alphabet의 sound 발음 요령대로 철저히 연습하면 확실하게 원어민 영어 발음을 원어민처럼 흉내 낼 수 있다.

E. 모든 영어 단어는 Alphabet 26개의 철자 중에서 조합해서(모아서) 해당되는 영어 단어를 만들어 내므로 그 영어 단어 발음은 그 단어의 Alphabet의 sound(소리)를 조합하게 되어 그 단어의 원어민 발음을 해낼 수 있다.

   * 물론, Alphabet sound 발음 요령대로 해야함.
   * 다만, 이중 자음자, 이중 모음자, 삼중 모음자는 Alphabet sound 대로 발음 할 수 없음.
     (dish[diʃ], child[ʧaild], sketch[skeʧ], house[haus], great[greit], beautiful[bjúːtəfəl] 등)
   * 때론 많은 영어단어의 모음자(a, e, i, o, u)가 Alphabet sound대로 발음 할 수 없음. 모음자 발음 변화가 심하다. (woman[wúmən], women[wímin] 등)

F. Alphabet sound 발음 요령

   〈영어 회화가 성공하려면〉

   * 지금부터는 영어단어로 한국어 단어를 알아내는(파익하는) 공부를 하면 안 된다.
     이렇게 하면 영어 회화가 되지 않고 계속 영어 회화는 망한다.
     (예) school 학교, teacher 선생님, student 학생, happy 행복한 등

   * 확실한 안내
     한국어 단어로 영어 단어 소리를 익혀야 영어 회화가 술술술 저절로 된다.
     (예) 학교 school, 선생님 teacher, 학생 student, 행복한 happy 등

[ei]

'A a' 발음 요령대로
'아기 baby'를 10번 연습 후
본인 발음을 핸드폰 앱
'음성녹음'에 녹음해 보기
– 영어 회화 시작 –

❝ A a 발음 요령

양 입술을 약간 벌리면서 자연스럽게 'e 에'는 강하게, 'i 이'는 약하게 흐리게 짧게 연속으로 빠르게 'ei 에이' 소리 내면서 Alphabet 'A a 에이' 발음을 해 본다.

* A a의 sound가 원어민처럼 할 수 있도록 재미로 30번 정도를 천천히 연습한다.

아기
b<u>a</u>by

❝ B b 발음 요령

윗 입술과 아랫 입술을 자연스럽게 다문 다음 약간 양 입술에 힘을 주어 'bi: 비–' 소리 내면서 Alphabet 'B b 비–' 발음을 해 본다.

* B b의 sound가 원어민처럼 할 수 있도록 재미로 30번 정도를 천천히 연습한다.

[bi:]

'B b' 발음 요령대로
'아기 baby'를 10번 연습 후
본인 발음을 핸드폰 앱 '음성
녹음'에 녹음해 보기
– 영어 회화 시작 –

아기
<u>b</u>aby

❝ C c 발음 요령

약간 입을 벌리면서 자연스럽게 혀 끝을 윗니 윗몸쪽으로 들어 올리면서 자연스럽게 'si: 씨–' 소리 내면서 Alphabet 'C c 씨–' 발음을 해본다.

* C c의 sound가 원어민처럼 할 수 있도록 재미로 30번 정도를 천천히 연습한다.

[si:]

'C c' 발음 요령대로
'도시 city'를 10번 연습 후
본인 발음을 핸드폰 앱 '음성
녹음'에 녹음해 보기
– 영어 회화 시작 –

도시
<u>c</u>ity

❝ D d 발음 요령

양 입술을 약간 벌리고 혀 끝을 윗니 잇몸에 대고 자연스럽게 'di: 디–' 소리 내면서 Alphabet 'D d 디–' 발음을 해 본다.

* D d의 sound가 원어민처럼 할 수 있도록 재미로 30번 정도를 천천히 연습한다.

[di:]

'D d' 발음 요령대로
'책상 desk'를 10번 연습 후
본인 발음을 핸드폰 앱 '음성
녹음'에 녹음해 보기
– 영어 회화 시작 –

책상
<u>d</u>esk

[i:]

'E e' 발음 요령대로
'뱀장어 eel'를 10번 연습 후
본인 발음을 핸드폰 앱
'음성녹음'에 녹음해 보기
– 영어 회화 시작 –

𝟔𝟔 D d 발음 요령

양 입술을 약간 벌리면서 자연스럽게 'i: 이–' 소리 내면서 Alphabet 'E e 이–' 발음을 해 본다.

* E e의 sound가 원어민처럼 할 수 있도록 재미로 30번 정도를 천천히 연습한다.

뱀장어
eel

𝟔𝟔 F f 발음 요령

양 입술을 약간 벌리고 'e 에' 자연스럽게 하고 동시에 윗니를 아랫 입술에 댄 다음 'ef 에프' 소리 내면서 Alphabet 'F f 에프' 발음을 해 본다.

* F f의 sound가 원어민처럼 할 수 있도록 재미로 30번 정도를 천천히 연습한다.

[ef]

'F f' 발음 요령대로
'포크 fork'를 10번 연습 후
본인 발음을 핸드폰 앱 '음성
녹음'에 녹음해 보기
– 영어 회화 시작 –

포크
fork

𝟔𝟔 G g 발음 요령

양 입술을 약간 벌리면서 혀 끝을 윗니 잇몸 쪽으로 들어올리고 자연스럽게 'dʒi: 쥐–' 소리 내면서 Alphabet 'G g 쥐–' 발음을 해 본다.

* G g의 sound가 원어민처럼 할 수 있도록 재미로 30번 정도를 천천히 연습한다.

[dʒi:]

'G g' 발음 요령대로
'신사 gentleman'를 10번연습
후 본인 발음을 핸드폰 앱
'음성녹음'에 녹음해 보기
– 영어 회화 시작 –

신사
gentleman

𝟔𝟔 H h 발음 요령

양 입술을 약간 벌리면서 'e 에'는 강하게, 'i 이'는 약하게 흐르게 짧게 연속으로 빠르게 자연스럽게 'ei 에이'하고 동시에 혀 끝을 윗니 잇몸 가까이 올리고 'ʧ 취' 소리와 동시에 'eiʧ 에이취' 소리 내면서 Alphaber 'H h 에이취' 발음을 해 본다.

* H h의 sound가 원어민처럼 할 수 있도록 재미로 30번 정도를 천천히 연습한다.

[eitʃ]

'H h' 발음 요령대로
'햄 ham'를 10번 연습 후
본인 발음을 핸드폰 앱 '음성
녹음'에 녹음해 보기
– 영어 회화 시작 –

햄
ham

[ai]

'I i' 발음 요령대로
'연 kite'를 10번 연습 후
본인 발음을 핸드폰 앱 '음성
녹음'에 녹음해 보기
– 영어 회화 시작 –

66 I i 발음 요령

양 입술을 약간 벌리면서 'a 아'는 강하게, 'i 이'는 약하게 흐리게 짧게 연속으로 빠르게 'ai 아이' 소리 내면서 Alphaber 'I i 아이' 발음을 해 본다.

* I i의 sound가 원어민처럼 할 수 있도록 재미로 30번 정도를 천천히 연습한다.

연
kite

[dʒei]

'J j' 발음 요령대로
'쨈 jam'를 10번 연습 후
본인 발음을 핸드폰 앱 '음성
녹음'에 녹음해 보기
– 영어 회화 시작 –

66 J j 발음 요령

양 입술을 약간 들어올리고, 혀 끝을 윗니 윗몸 가까이 들어올리면서 'dʒei 쮀이' 자연스럽게 소리 내면서 Alphabet 'J j 쮀이' 발음을 해 본다.

* J j의 sound가 원어민처럼 할 수 있도록 재미로 30번 정도를 천천히 연습한다.

쨈
jam

[kei]

'K k' 발음 요령대로
'연 kite'를 10번 연습 후
본인 발음을 핸드폰 앱 '음성
녹음'에 녹음해 보기
– 영어 회화 시작 –

66 K k 발음 요령

양 입술을 약간 벌리면서 혀 끝을 아랫니쪽으로 동시에 혀의 뒷 부분을 들어올려 입천장 뒷 부분에 대고 'ke 케'는 강하게 'i 이'는 약하게 흐리게 짧게 연속으로 빠르게 'kei 케이' 자연스럽게 소리 내면서 Alphabet 'K k 케이' 발음을 해 본다.

* K k의 sound가 원어민처럼 할 수 있도록 재미로 30번 정도를 천천히 연습한다.

연
kite

[el]

'L l' 발음 요령대로
'호수 lake'를 10번 연습 후
본인 발음을 핸드폰 앱 '음성
녹음'에 녹음해 보기
– 영어 회화 시작 –

66 L l 발음 요령

양 입술을 약간 벌리면서 'e 에' 소리하면서 동시에 혀 끝을 윗니 잇몸에 대고 자연스럽게 'l 르'하고 'el 엘' 소리 내면서 Alphabet 'L l 엘' 발음을 해 본다.

* L l의 sound가 원어민처럼 할 수 있도록 재미로 30번 정도를 천천히 연습한다.

호수
lake

M m

[em]

'M m' 발음 요령대로
'마이크 mike'를 10번
연습 후 본인 발음을 핸드폰
앱 '음성녹음'에 녹음해 보기
– 영어 회화 시작 –

66 M m 발음 요령

양 입술을 약간 벌린 다음 다물면서 'em 엠' 소리가 나오면 자연스럽게 Alphabet 'M m 엠' 발음을 해 본다.

* M m의 sound가 원어민처럼 할 수 있도록 재미로 30번 정도를 천천히 연습한다.

마이크
mike

N n

[en]

'N n' 발음 요령대로
'아니요 no'를 10번 연습 후
본인 발음을 핸드폰 앱 '음성
녹음'에 녹음해 보기
– 영어 회화 시작 –

66 N n 발음 요령

양 입술을 약간 벌리면서 'e 에' 소리 하면서 동시에 혀 끝을 윗니 잇몸에 대고 자연스럽게 'n 느' 하고 'en 엔' 소리내면서 Alphabet 'N n 엔' 발음을 해 본다.

* N n의 sound가 원어민처럼 할 수 있도록 재미로 30번 정도를 천천히 연습한다.

아니요
no

O o

[ou]

'O o' 발음 요령대로
'염소 goat'를 10번 연습 후
본인 발음을 핸드폰 앱 '음성
녹음'에 녹음해 보기
– 영어 회화 시작 –

66 O o 발음 요령

양 입술을 약간 벌리면서 자연스럽게 'o 오'는 강하게 'ʊ 우'는 약하게 흐르게 짧게 연속으로 빠르게 'oʊ 오우' 소리 내면서 Alphabet 'O o 오우' 발음을 해 본다.

* O o의 sound가 원어민처럼 할 수 있도록 재미로 30번 정도를 천천히 연습한다.

염소
goat

P p

[pi:]

'P p' 발음 요령대로
'파이 pie'를 10번 연습 후
본인 발음을 핸드폰 앱 '음성
녹음'에 녹음해 보기
– 영어 회화 시작 –

66 P p 발음 요령

양 입술을 다문 다음 자연스럽게 'pi: 피–' 소리 내면서 Alphabet 'P p 피–' 발음을 해 본다.

* P p의 sound가 원어민처럼 할 수 있도록 재미로 30번 정도를 천천히 연습한다.

파이
pie

[kju:]

'Q q' 발음 요령대로
'여왕 queen'를 10번 연습 후
본인 발음을 핸드폰 앱 '음성
녹음'에 녹음해 보기
– 영어 회화 시작 –

❝ Q q 발음 요령

양 입술을 약간 벌리면서 혀 끝을 아랫니 쪽으로 동시에 혀의 뒷 부분을 들어올려 입 천장 뒷 부분에 대고 자연스럽게 'kju: 큐–' 소리 내면서 Alphabet 'Q q 큐–' 발음을 해 본다.

* Q q의 sound가 원어민처럼 할 수 있도록 재미로 30번 정도를 천천히 연습한다.

여왕
queen

[a:r]

'R r' 발음 요령대로
'갈퀴 rake'를 10번 연습 후
본인 발음을 핸드폰 앱 '음성
녹음'에 녹음해 보기
– 영어 회화 시작 –

❝ R r 발음 요령

양 입술을 약간 벌리고 혀 끝을 윗니 윗몸 쪽으로 약간 말라 들어 올리면서 자연스럽게 'a: r 알–' 소리 내면서 Alphabet 'R r 알–' 발음을 해 본다.

* R r의 sound가 원어민처럼 할 수 있도록 재미로 30번 정도를 천천히 연습한다.

갈퀴
r̲ake

[es]

'S s' 발음 요령대로
'태양 sun'를 10번 연습 후
본인 발음을 핸드폰 앱 '음성
녹음'에 녹음해 보기
– 영어 회화 시작 –

❝ S s 발음 요령

양 입술을 약간 벌리고 혀의 끝을 윗니 윗몸 쪽으로 들어 올리면서 자연스럽게 'es 에스' 소리 내면서 Alphabet 'S s 에스' 발음을 해 본다.

* S s의 sound가 원어민처럼 할 수 있도록 재미로 30번 정도를 천천히 연습한다.

태양
s̲un

[ti:]

'T t' 발음 요령대로
'테이블 table'를 10번 연습 후
본인 발음을 핸드폰 앱 '음성
녹음'에 녹음해 보기
– 영어 회화 시작 –

❝ T t 발음 요령

양 입술을 약간 벌리면서 혀 끝을 윗니 윗몸에 대고 자연스럽게 'ti: 티–' 소리 내면서 Alphabet 'T t 티–' 발음을 해 본다.

* T t의 sound가 원어민처럼 할 수 있도록 재미로 30번 정도를 천천히 연습한다.

테이블
t̲able

[juː]

'U u' 발음 요령대로
'튜브 tube'를 10번 연습 후
본인 발음을 핸드폰 앱 '음성
녹음'에 녹음해 보기
– 영어 회화 시작 –

66 U u 발음 요령

양 입술을 약간 벌리면고 자연스럽게 'juː 유–' 소리 내면서 Alphabet 'U u 유–' 발음
을 해 본다.

* U u의 sound가 원어민처럼 할 수 있도록 재미로 30번 정도를 천천히 연습한다.

튜브
tube

[viː]

'V v' 발음 요령대로
'밴 van'를 10번 연습 후
본인 발음을 핸드폰 앱 '음성
녹음'에 녹음해 보기
– 영어 회화 시작 –

66 V v 발음 요령

윗니를 아랫 입술에 대면서 자연스럽게 'viː 비–' 소리 내면서 Alphabet 'V v 비–' 발
음을 해 본다.

* V v의 sound가 원어민처럼 할 수 있도록 재미로 30번 정도를 천천히 연습한다.

밴
van

[dʌbljuː]

'W w' 발음 요령대로
'창문 window'를 10번
연습 후 본인 발음을 핸드폰
앱 '음성녹음'에 녹음해 보기
– 영어 회화 시작 –

66 W w 발음 요령

양 입술을 약간 벌리고 혀 끝을 윗니 윗몸에 대고 'dʌ 더' 다음 양 입술 다문 다음 'b 브'
하고 양 입술을 약간 벌리고 혀 끝을 윗니 윗몸에 대고 'lju: 류–' 동시에 'dʌblju: 더
브류–' 소리 내면서 Alphabet 'W w 더브류–' 발음을 해 본다.

* W w의 sound가 원어민처럼 할 수 있도록 재미로 30번 정도를 천천히 연습한다.

창문
window

X x

[eks]

'X x' 발음 요령대로
'상자 box'를 10번 연습 후
본인 발음을 핸드폰 앱 '음성
녹음'에 녹음해 보기
– 영어 회화 시작 –

66 X x 발음 요령

양 입술을 약간 벌리면서 'e 에' 소리 내는 동시에 혀의 뒷 부분을 입 천장 끝에 대
고 'k 크' 소리와 동시에 혀 끝을 윗몸 가까이에서 's 스' 소리로 'eks 엑스' 소리
내면서 Alphabet 'X x 엑스' 발음을 해 본다.

* X x의 sound가 원어민처럼 할 수 있도록 재미로 30번 정도를 천천히 연습한다.

상자
box

[wai]

‘Y y’ 발음 요령대로
‘예 yes’를 10번 연습 후
본인 발음을 핸드폰 앱 ‘음성
녹음’에 녹음해 보기
− 영어 회화 시작 −

66 Y y 발음 요령

양 입술을 약간 벌리면서 ‘W 우’와 ‘a 아’는 강하게 ‘i 이’는 약하게 흐르게 짧게 연속으로 빠르게 세 소리를 동시에 ‘wai 우아이’ 소리 내면서 Alphabet ‘Y y 우아이’ 발음을 해 본다.

* Y y의 sound가 원어민처럼 할 수 있도록 재미로 30번 정도를 천천히 연습한다.

예
yes

[zi:, zed]

‘Z z’ 발음 요령대로
‘동물원 zoo’를 10번 연습 후
본인 발음을 핸드폰 앱 ‘음성
녹음’에 녹음해 보기
− 영어 회화 시작 −

66 Z z 발음 요령

양 입술을 약간 벌리고 혀 끝을 윗니 윗몸에 대고 ‘zi: 자−’나 ‘zed 제드’로 소리 내면서 Alphabet ‘Z z 자−, 제드’ 발음을 해 본다.

* Z z의 sound가 원어민처럼 할 수 있도록 재미로 30번 정도를 천천히 연습한다.

동물원
zoo

PART 1

영어 원어민 발음 해결하기

Chapter 5

자음 音價음가
Phonics別별 연습 Ground

01 G g 자음 Phonics 감각 연습 Ground

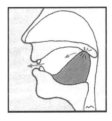

특징 혀 위치 / 유성음

a. 영어 자음자   G g

b. 발음기호   g

c. 음가   그

d. 한국어 자음   ㄱ

혀 위치는 혀끝을 아랫니 잇몸에 대고 혀의 뒷부분을 입천장에 대면서 숨공기의 통로가 막히면 접촉된 혀를 떼면서 성대를 울려 유성음 '그' 소리로 연습해 본다.

연습요령

한국어 '아, 야, 어, 여, 오, 요, 우, 유, 으, 이'를 말할 때 동시에 'G g 자음' 특징 발음 감각을 연습한다. 특징의 설명을 이해하고 학습자 스스로 약속된 연습 횟수대로 해보면 'G g 자음' 원어민 발음 감각 이 익숙하게 된다.

G g 자음의 발음 감각 연습 Ground (연습 횟수 재미로 50번)

ga.	gya.	geo.	gyeo.	go.	gyo.	gu.	gyu.	geu.	gi.
(그아)	(그야)	(그어)	(그여)	(그오)	(그요)	(그우)	(그유)	(그으)	(그이)

* 연습할 때 절대 주의

한국어식 '가, 갸, 거, 겨, 고, 교, 구, 규, 그, 기' 발음하듯 하면 원어민 발음 감각을 절대로 익힐 수 없음.

> '경기, 게임 game'을 재미로 30번 연습 후 본인 발음을 핸드폰 앱 '음성녹음'에 녹음해 보기
> – 영어 회화 시작 –

영어 회화 첫걸음 [G g 자음의 실제 Phonics 감각 (예)]

영어식   game   (그+에이+므)

한국어식   game   (게임)

경기, 게임
game

· 한국어 단어로 꼭 영어단어 소리를 익혀내는 '습관'을 길들여야 영어 회화가 술술술 저절로 된다.

· 한글로 소리를 써서 익히면 안 됨. 다만, 이해를 돕기 위해서 '예'로 썼음.

· G g 자음 Phonics 실제 연습 Ground에서 재미로 50번 해 보기

'입'을 원리원칙대로 연습하면 원어민처럼 '입'에서 소리가 된다!

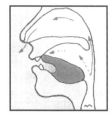

특징 혀 위치 / 유성음

혀 위치는 혀끝을 입천장 앞부분에서 약간 뒤쪽에 대고 코로 공기를 내쉰 듯 약간 길게 성대를 울려 유성음 '느' 소리로 연습해 본다.

a. 영어 자음자   N n

b. 발음기호   n

c. 음가   <u>느</u>

d. 한국어 자음   <u>ㄴ</u>

연습요령

한국어 '아, 야, 어, 여, 오, 요, 우, 유, 으, 이'를 말할 때 동시에 'N n 자음' 특징 발음 감각을 연습한다. 특징의 설명을 이해하고 학습자 스스로 <u>약속된 연습 횟수대로</u> 해 보면 'N n 자음' 원어민 발음 감각이 익숙하게 된다.

N n 자음의 발음 감각 연습 Ground (연습 횟수 재미로 50번)

na.	nya.	neo.	nyeo.	no.	nyo.	nu.	nyu.	neu.	ni.
(느아)	(느야)	(느어)	(느여)	(느오)	(느요)	(느우)	(느유)	(느으)	(느이)

* 연습할 때 절대 주의

한국어식 '나, 냐, 너, 녀, 노, 뇨, 누, 뉴, 느, 니' 발음하듯 하면 원어민 발음 감각을 절대로 익힐 수 없음.

> '이름 name'을 재미로 30번 연습 후 본인 발음을 핸드폰 앱 '음성녹음'에 녹음해 보기
> – 영어 회화 시작 –

영어 회화 첫걸음 [N n 자음의 실제 Phonics 감각 (예)]

영어식   name   (느+에이+므)

한국어식   name   (네임)

이름
<u>n</u>ame

· 한국어 단어로 꼭 영어단어 소리를 익혀내는 '습관'을 길들여야 영어 회화가 술술술 저절로 된다.

· 한글로 소리를 써서 익히면 안 됨. 다만, 이해를 돕기 위해서 '예'로 썼음.

· N n 자음 Phonics 실제 연습 Ground에서 재미로 50번 해 보기

수백번 '입'을 통해서만이 영어 원어민 발음이 될 수 있다!

03 D d 자음 Phonics 감각 연습 Ground

a. 영어 자음자　D d
b. 발음기호　　d
c. 음가　　　　드
d. 한국어 자음　ㄷ

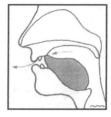

특징 혀 위치 / 유성음

혀 위치는 혀끝을 윗니 잇몸 뒤에 댔다가 갑자기 떼면서 성대를 울려 공기를 밖으로 내면서 유성음 '드' 소리로 연습해 본다.

연습요령

한국어 '아, 야, 어, 여, 오, 요, 우, 유, 으, 이'를 말할 때 동시에 'D d 자음' 특징 발음 감각을 연습한다. 특징의 설명을 이해하고 학습자 스스로 약속된 연습 횟수대로 해 보면 'D d 자음' 원어민 발음 감각이 익숙하게 된다.

D d 자음의 발음 감각 연습 Ground (연습 횟수 재미로 50번)

da.	dya.	deo.	dyeo.	do.	dyo.	du.	dyu.	deu.	di.
(드아)	(드야)	(드어)	(드여)	(드오)	(드요)	(드우)	(드유)	(드으)	(드이)

* 연습할 때 절대 주의

　한국어식 '다, 댜, 더, 뎌, 도, 됴, 두, 듀, 드, 디' 발음하듯 하면 원어민 발음 감각을 절대로 익힐 수 없음.

> '10센트 은화 dime'를 재미로 30번 연습 후 본인 발음을 핸드폰 앱 '음성녹음'에 녹음해 보기
> – 영어 회화 시작 –

영어 회화 첫걸음 [D d 자음의 실제 Phonics 감각 (예)]

영어식	dime	(드+아이+므)
한국어식	dime	(다임)

10센트 은화

dime

· 한국어 단어로 꼭 영어단어 소리를 익혀내는 '습관'을 길들여야 영어 회화가 술술술 저절로 된다.
· 한글로 소리를 써서 익히면 안 됨. 다만, 이해를 돕기 위해서 '예'로 썼음.
· D d 자음 발음 실제 연습 Ground에서 재미로 50번 해 보기

'입'을 원리원칙대로 연습하면 원어민처럼 '입'에서 소리가 된다!

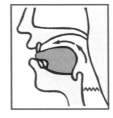

a. 영어 자음자   TH th

b. 발음기호   ð

c. 음가   <u>드</u>

d. 한국어 자음   ㄷ

특징 혀 위치 / 유성음

혀 위치는 혀끝을 위 아랫니로 살짝 물고 공기를 내쉴 때 성대를 울려 유성을 '드' 소리로 연습해 본다.

연습요령

한국어 '아, 야, 어, 여, 오, 요, 우, 유, 으, 이'를 말할 때 동시에 'TH th 자음' 특징 발음 감각을 연습한다. 특징의 설명을 이해하고 학습자 스스로 약속된 연습 횟수대로 해 보면 'TH th 자음' 원어민 발음 감각 이 익숙하게 된다.

TH th 자음의 발음 감각 연습 Ground (연습 횟수 재미로 50번)

tha.	thya.	theo.	thyeo.	tho.	thyo.	thu.	thyu.	theu.	thi.
(드아)	(드야)	(드어)	(드여)	(드오)	(드요)	(드우)	(드유)	(드으)	(드이)

* 연습할 때 절대 주의

한국어식 '다, 댜, 더, 뎌, 도, 됴, 두, 듀, 드, 디' 발음하듯 하면 원어민 발음 감각을 절대로 익힐 수 없음.

'이것 this'을 재미로 30 번 연습 후 본인 발음을 핸드폰 앱 '음성녹음'에 녹음해 보기

– 영어 회화 시작 –

영어 회화 첫걸음 [TH th 자음의 실제 Phonics 감각 (예)]

영어식   this   (드+이+스)

한국어식   this   (디스)

이것

<u>th</u>is

· 한국어 단어로 꼭 영어단어 소리를 익혀내는 '습관'을 길들여야 영어 회화가 술술술 저절로 된다.

· 앞 3번 D d와는 전혀 소리가 다름.

· 한글로 소리를 써서 익히면 안 됨. 다만, 이해를 돕기 위해서 '예'로 썼음.

· TH th 자음 발음 실제 연습 Ground에서 재미로 50번 해 보기

수백번 '입'을 통해서만이 영어 원어민 발음이 될 수 있다!

자음 Phonics 감각 연습 Ground

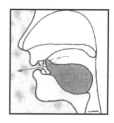

a. 영어 자음자　　L I

b. 발음기호　　　 I

c. 음가　　　　　르

d. 한국어 자음　　ㄹ

특징 혀 위치 / 유성음

혀 위치는 혀끝을 윗니 잇몸에 대면서 약간 뒤로 끌면서 성대를 울려 유성음 '르' 소리로 연습해 본다.

연습요령

한국어 '아, 야, 어, 여, 오, 요, 우, 유, 으, 이'를 말할 때 동시에 'L I 자음' 특징 발음 감각을 연습한다. 특징의 설명을 이해하고 학습자 스스로 약속된 연습 횟수대로 해 보면 'L I 자음' 원어민 발음 감각이 익숙하게 된다.

L I 자음의 발음 감각 연습 Ground (연습 횟수 재미로 50번)

la. (르아)	lya. (르야)	leo. (르어)	lyeo. (르여)	lo. (르오)	lyo. (르요)	lu. (르우)	lyu. (르유)	leu. (르으)	li. (르이)

* 연습할 때 절대 주의

한국어식 '라, 랴, 러, 려, 로, 료, 루, 류, 르, 리' 발음하듯 하면 원어민 발음 감각을 절대로 익힐 수 없음.

> '호수 lake'를 재미로 30번 연습 후 본인 발음을 핸드폰 앱 '음성녹음'에 녹음해 보기
> – 영어 회화 시작 –

영어 회화 첫걸음 [L I 자음의 실제 Phonics 감각 (예)]

영어식　　lake　　（르+에이+크）

한국어식　lake　　（레이크）

호수
lake

· 한국어 단어로 꼭 영어단어 소리를 익혀내는 '습관'을 길들여야 영어 회화가 술술술 저절로 된다.

· 한글로 소리를 써서 익히면 안 됨. 다만, 이해를 돕기 위해서 '예'로 썼음.

· L I 자음 발음 실제 연습 Ground에서 재미로 50번 해 보기

'입'을 원리원칙대로 연습하면 원어민처럼 '입'에서 소리가 된다!

06 R r 자음 Phonics 감각 연습 Ground

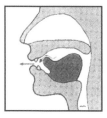

a. 영어 자음자 　R r
b. 발음기호 　　r
c. 음가 　　　르
d. 한국어 자음 　ㄹ

특징 혀 위치 / 유성음
혀 위치는 혀끝을 앞 천장에 닿지 않게
뒤로 구부린 상태에서 성대를 울려 유성
음 '르' 소리로 연습해 본다.

연습요령

한국어 '아, 야, 어, 여, 오, 요, 우, 유, 으, 이'를 말할 때 동시에 'R r 자음' 특징 발음 감각을 연습한다.
특징의 설명을 이해하고 학습자 스스로 약속된 연습 횟수대로 해 보면 'R r 자음' 원어민 발음 감각이
익숙하게 된다.

R r 자음의 발음 감각 연습 Ground (연습 횟수 재미로 50번)

ra. (르아)	rya. (르야)	reo. (르어)	ryeo. (르여)	ro. (르오)	ryo. (르요)	ru. (르우)	ryu. (르유)	reu. (르으)	ri. (르이)

* 연습할 때 절대 주의
　한국어식 '라, 랴, 러, 려, 로, 료, 루, 류, 르, 리' 발음하듯 하면
　원어민 발음 감각을 절대로 익힐 수 없음.

> '갈퀴 rake'를 재미로 30
> 번 연습 후 본인 발음을
> 핸드폰 앱 '음성녹음'에
> 녹음해 보기
> – 영어 회화 시작 –

영어 회화 첫걸음 [R r 자음의 실제 Phonics 감각 (예)]

영어식 　rake 　　(르+에이+크)
한국어식 　rake 　　(레이크)

갈퀴
rake

· 한국어 단어로 꼭 영어단어 소리를 익혀내는 '습관'을 길들여야 영어 회화가 술술술 저절로 된다.
· 앞 5번 L ㅣ과는 전혀 소리가 다름.
· 한글로 소리를 써서 익히면 안 됨. 다만, 이해를 돕기 위해서 '예'로 썼음.
· R r 자음 발음 실제 연습 Ground에서 재미로 50번 해 보기

수백번 '입'을 통해서만이 영어 원어민 발음이 될 수 있다!

M m

자음 Phonics 감각 연습 Ground

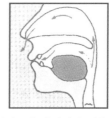

a. 영어 자음자   M m

b. 발음기호   m

c. 음가   므

d. 한국어 자음   ㅁ

특징 혀 위치 / 유성음

입모양은 입을 다물고 코로 숨을 내쉰 듯 약간 길게 성대를 울리면서 유성음 '므'소리로 연습해 본다.

연습요령

한국어 '아, 야, 어, 여, 오, 요, 우, 유, 으, 이'를 말할 때 동시에 'M m 자음' 특징 발음 감각을 연습한다. 특징의 설명을 이해하고 학습자 스스로 약속된 연습 횟수대로 해 보면 'M m 자음' 원어민 발음 감각이 익숙하게 된다.

M m 자음의 발음 감각 연습 Ground (연습 횟수 재미로 50번)

ma. (므아)	mya. (므야)	meo. (므어)	myeo. (므여)	mo. (므오)	myo. (므요)	mu. (므우)	myu. (므유)	meu. (므으)	mi. (므이)

* 연습할 때 절대 주의

한국어식 '마, 먀, 머, 며, 모, 묘, 무, 뮤, 므, 미' 발음하듯 하면 원어민 발음 감각을 절대로 익힐 수 없음.

> '마이크 mike'를 재미로 30번 연습 후 본인 발음을 핸드폰 앱 '음성녹음'에 녹음해 보기
> – 영어 회화 시작 –

영어 회화 첫걸음 [M m 자음의 실제 Phonics 감각 (예)]

영어식   mike   (므+아이+ㅋ)

한국어식   mike   (마이크)

마이크
mike

· 한국어 단어로 꼭 영어단어 소리를 익혀내는 '습관'을 길들여야 영어 회화가 술술술 저절로 된다.

· 한글로 소리를 써서 익히면 안 됨. 다만, 이해를 돕기 위해서 '예'로 썼음.

· M m 자음 발음 실제 연습 Ground에서 재미로 50번 해 보기

'입'을 원리원칙대로 연습하면 원어민처럼 '입'에서 소리가 된다!

B b

자음 Phonics 감각 연습 Ground

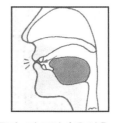

특징 입 모양 / 유성음

입모양은 위 아래 입술을 붙였다 때면서
힘을 주어 성대를 울려 유성음 '브' 소리
로 연습해 본다.

a. 영어 자음자　　B b

b. 발음기호　　　b

c. 음가　　　　　<u>브</u>

d. 한국어 자음　　ㅂ

연습요령

한국어 '아, 야, 어, 여, 오, 요, 우, 유, 으, 이'를 말할 때 동시에 'B b 자음' 특징 발음 감각을 연습한다.
특징의 설명을 이해하고 학습자 스스로 약속된 연습 횟수대로 해 보면 'B b 자음' 원어민 발음 감각이
익숙하게 된다.

B b 자음의 발음 감각 연습 Ground (연습 횟수 재미로 50번)

ba.	bya.	beo.	byeo.	bo.	byo.	bu.	byu.	beu.	bi.
(브아)	(브야)	(브어)	(브여)	(브오)	(브요)	(브우)	(브유)	(브으)	(브이)

* 연습할 때 절대 주의

한국어식 '바, 뱌, 버, 벼, 보, 뵤, 부, 뷰, 브, 비' 발음하듯 하면
원어민 발음 감각을 절대로 익힐 수 없음.

'아기 baby'를 재미로 30번
연습 후 본인 발음을 핸드폰
앱 '음성녹음'에 녹음해 보기
– 영어 회화 시작 –

영어 회화 첫걸음 [B b 자음의 실제 Phonics 감각 (예)]

영어식　　　baby　　　(브+에이+브+이)

한국어식　　baby　　　(베이비)

아기
<u>b</u>aby

· 한국어 단어로 꼭 영어단어 소리를 익혀내는 '습관'을 길들여야 영어 회화가 술술술 저절로 된다.
· 한글로 소리를 써서 익히면 안 됨. 다만, 이해를 돕기 위해서 '예'로 썼음.
· B b 자음 발음 실제 연습 Ground에서 재미로 50번 해 보기

수백번 '입'을 통해서만이 영어 원어민 발음이 될 수 있다!

V v

자음 Phonics 감각 연습 Ground

a. 영어 자음자   V v

b. 발음기호   v

c. 음가   <u>브</u>

d. 한국어 자음   ㅂ

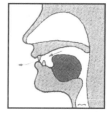

특징 입 모양 / 유성음

입모양은 아랫입술을 윗니에 가볍게 댄 다음 떼면서 성대를 울려 유성음 '브' 소리로 연습해 본다.

연습요령

한국어 '아, 야, 어, 여, 오, 요, 우, 유, 으, 이'를 말할 때 동시에 'V v 자음' 특징 발음 감각을 연습한다. 특징의 설명을 이해하고 학습자 스스로 약속된 연습 횟수대로 해 보면 'V v 자음' 원어민 발음 감각이 익숙하게 된다.

V v 자음의 발음 감각 연습 Ground (연습 횟수 재미로 50번)

va.	vya.	veo.	vyeo.	vo.	vyo.	vu.	vyu.	veu.	vi.
(브아)	(브야)	(브어)	(브여)	(브오)	(브요)	(브우)	(브유)	(브으)	(브이)

* 연습할 때 절대 주의

한국어식 '바, 뱌, 버, 벼, 보, 뵤, 부, 뷰, 브, 비' 발음하듯 하면 원어민 발음 감각을 절대로 익힐 수 없음.

> '바이올린 violin'을 재미로 30번 연습 후 본인 발음을 핸드폰 앱 '음성녹음'에 녹음해 보기
> − 영어 회화 시작 −

영어 회화 첫걸음 [V v 자음의 실제 Phonics 감각 (예)]

영어식   violin   (브+아이+어+르+아+느)

한국어식 violin   (바이올린)

바이올린
<u>v</u>iolin

· 한국어 단어로 꼭 영어단어 소리를 익혀내는 '습관'을 길들여야 영어 회화가 술술술 저절로 된다.

· 앞 8번 B b와는 전혀 소리가 다름.

· 한글로 소리를 써서 익히면 안 됨. 다만 이해를 돕기 위해서 '예'로 썼음.

· V v 자음 발음 실제 연습 Ground에서 재미로 50번 해 보기

'입'을 원리원칙대로 연습하면 원어민처럼 '입'에서 소리가 된다!

S s

자음 Phonics 감각 연습 Ground

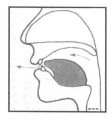

a. 영어 자음자   S s

b. 발음기호   s

c. 음가   스

d. 한국어 자음   ㅅ

특징 혀 위치 / 무성음

혀 위치는 혀끝을 윗니 잇몸에 아주 가깝지만 닿지 않도록 위치 시킨 후 공기가 새어 나가 듯이 성대를 울리지 않으면 무성음 '스' 소리로 연습해 본다.

연습요령

한국어 '아, 야, 어, 여, 오, 요, 우, 유, 으, 이'를 말할 때 동시에 'S s 자음' 특징 발음 감각을 연습한다. 특징의 설명을 이해하고 학습자 스스로 약속된 연습 횟수대로 해 보면 'S s 자음' 원어민 발음 감각이 익숙하게 된다.

S s 자음의 발음 감각 연습 Ground (연습 횟수 재미로 50번)

sa.	sya.	seo.	syeo.	so.	syo.	su.	syu.	seu.	si.
(스아)	(스야)	(스어)	(스여)	(스오)	(스요)	(스우)	(스유)	(스으)	(스이)

* 연습할 때 절대 주의

한국어식 '사, 샤, 서, 셔, 소, 쇼, 수, 슈, 스, 시' 발음하듯 하면 원어민 발음 감각을 절대로 익힐 수 없음.

> '싱크 sink'를 재미로 30번 연습 후 본인 발음을 핸드폰 앱 '음성녹음'에 녹음해 보기
>
> – 영어 회화 시작 –

영어 회화 첫걸음 [S s 자음의 실제 Phonics 감각 (예)]

영어식   sink   (스+이+응+크)

한국어식   sink   (싱크)

싱크

sink

· 한국어 단어로 꼭 영어단어 소리를 익혀내는 '습관'을 길들여야 영어 회화가 술술술 저절로 된다.

· 한글로 소리를 써서 익히면 안 됨. 다만, 이해를 돕기 위해서 '예'로 썼음.

· · S s 자음 발음 실제 연습 Ground에서 재미로 50번 해 보기

수백번 '입'을 통해서만이 영어 원어민 발음이 될 수 있다!

11 **Z z**   자음 Phonics 감각 연습 Ground

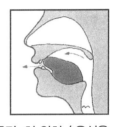

a. 영어 자음자   Z z

b. 발음기호   z

c. 음가   <u>즈</u>

d. 한국어 자음   ㅈ

특징 혀 위치 / 유성음

혀 위치는 입을 그냥 옆으로 조금 길게 해서 혀끝을 윗니 잇몸에 살짝 대고 성대를 울리면서 유성음 '즈' 소리로 연습해 본다.

연습요령

한국어 '아, 야, 어, 여, 오, 요, 우, 유, 으, 이'를 말할 때 동시에 'Z z 자음' 특징 발음 감각을 연습한다. 특징의 설명을 이해하고 학습자 스스로 약속된 연습 횟수대로 해 보면 'Z z 자음' 원어민 발음 감각이 익숙하게 된다.

Z z 자음의 발음 감각 연습 Ground (연습 횟수 재미로 50번)

za.	zya.	zeo.	zyeo.	zo.	zyo.	zu.	zyu.	zeu.	zi.
(즈아)	(즈야)	(즈어)	(즈여)	(즈오)	(즈요)	(즈우)	(즈유)	(즈으)	(즈이)

* 연습할 때 절대 주의

한국어식 '자, 쟈, 저, 져, 조, 죠, 주, 쥬, 즈, 지' 발음하듯 하면 원어민 발음 감각을 절대로 익힐 수 없음.

> '지퍼 zipper'를 재미로 30번 연습 후 본인 발음을 핸드폰 앱 '음성녹음'에 녹음해 보기
> – 영어 회화 시작 –

영어 회화 첫걸음 [Z z 자음의 실제 Phonics 감각 (예)]

영어식   zipper   (즈+이+프+어)

한국어식   zipper   (지퍼)

지퍼
<u>z</u>ipper

· 한국어 단어로 꼭 영어단어 소리를 익혀내는 '습관'을 길들여야 영어 회화가 술술술 저절로 된다.

· 한글로 소리를 써서 익히면 안 됨. 다만, 이해를 돕기 위해서 '예'로 썼음.

· Z z 자음 발음 실제 연습 Ground에서 재미로 50번 해 보기

'입'을 원리원칙대로 연습하면 원어민처럼 '입'에서 소리가 된다!

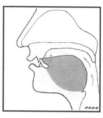

특징 입 모양 혀 위치 / 유성음

a. 영어 자음자　　J j
b. 발음기호　　　ʤ
c. 음가　　　　　쥐
d. 한국어 자음　　없음

입모양은 입술을 동그랗게 길게 내밀고 혀위치는 혀끝을 입천장 앞부분에 댔다 떼면서 성대를 울려 유성음 '쥐' 소리로 연습해 본다.

연습요령

한국어 '아, 야, 어, 여, 오, 요, 우, 유, 으, 이'를 말할 때 동시에 'J j 자음' 특징 발음 감각을 연습한다. 특징의 설명을 이해하고 학습자 스스로 약속된 연습 횟수대로 해 보면 'J j 자음' 원어민 발음 감각이 익숙하게 된다.

J j 자음의 발음 감각 연습 Ground (연습 횟수 재미로 50번)

ja.	jya.	jeo.	jyeo.	jo.	jyo.	ju.	jyu.	jeu.	ji.
(쥐아)	(쥐야)	(쥐어)	(쥐여)	(쥐오)	(쥐요)	(쥐우)	(쥐유)	(쥐으)	(쥐이)

* 연습할 때 절대 주의

한국어식 '자, 쟈, 저, 져, 조, 죠, 주, 쥬, 즈, 지' 발음하듯 하면 원어민 발음 감각을 절대로 익힐 수 없음.

> '점프 jump'를 재미로 30번 연습 후 본인 발음을 핸드폰 앱 '음성녹음'에 녹음해 보기
> — 영어 회화 시작 —

영어 회화 첫걸음 [J j 자음의 실제 Phonics 감각 (예)]

영어식　　jump　　(쥐+어+므+프)

한국어식　jump　　(점프)

점프
jump

· 한국어 단어로 꼭 영어단어 소리를 익혀내는 '습관'을 길들여야 영어 회화가 술술술 저절로 된다.
· 한글로 소리를 써서 익히면 안 됨. 다만, 이해를 돕기 위해서 '예'로 썼음.
· J j 자음 발음 실제 연습 Ground에서 재미로 50번 해 보기

수백번 '입'을 통해서만이 영어 원어민 발음이 될 수 있다!

13 *CH ch* 자음 Phonics 감각 연습 Ground

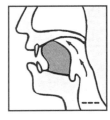

a. 영어 자음자　　CH ch

b. 발음기호　　　　ʧ

c. 음가　　　　　　취

d. 한국어 자음　　없음

특징 입 모양 혀 위치 / 무성음

입모양은 입술을 동그랗게 내밀고 혀위치는 혀끝을 입천장 앞부분에 대었다 떼면서 성대를 울리지 않고 무성음 '취' 소리로 연습해 본다.

연습요령

한국어 '아, 야, 어, 여, 오, 요, 우, 유, 으, 이'를 말할 때 동시에 'CH ch 자음' 특징 발음 감각을 연습한다. 특징의 설명을 이해하고 학습자 스스로 약속된 연습 횟수대로 해 보면 'CH ch 자음' 원어민 발음 감각이 익숙하게 된다.

CH ch 자음의 발음 감각 연습 Ground (연습 횟수 재미로 50번)

cha. (취아)	chya. (취야)	cheo. (취어)	chyeo. (취여)	cho. (취오)	chyo. (취요)	chu. (취우)	chyu. (취유)	cheu. (취으)	chi. (취이)

* 연습할 때 절대 주의

한국어식 '차, 챠, 처, 쳐, 초, 쵸, 추, 츄, 츠, 치' 발음하듯 하면 원어민 발음 감각을 절대로 익힐 수 없음.

> '점심 lunch'을 재미로 30번 연습 후 본인 발음을 핸드폰 앱 '음성녹음'에 녹음해 보기
> – 영어 회화 시작 –

영어 회화 첫걸음 [CH ch 자음의 실제 Phonics 감각 (예)]

영어식　　　lunch　　　(르+어+느+취)

한국어식　　lunch　　　(런치)

점심
lun**ch**

· 한국어 단어로 꼭 영어단어 소리를 익혀내는 '습관'을 길들여야 영어 회화가 술술술 저절로 된다.

· 한글로 소리를 써서 익히면 안 됨. 다만, 이해를 돕기 위해서 '예'로 썼음.

· CH ch 자음 발음 실제 연습 Ground에서 재미로 50번 해 보기

'입'을 원리원칙대로 연습하면 원어민처럼 '입'에서 소리가 된다!

14 **C c** 자음 Phonics 감각 연습 Ground

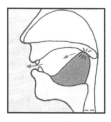

특징 혀 위치 / 무성음

혀 위치는 혀끝을 아랫니 잇몸에 대고 혀
의 뒷부분을 입천장 뒤에 대고나서 떼면
서 성대를 울리지 않고 공기를 내뿜으면
서 무성음 '크' 소리로 연습해 본다.

a. 영어 자음자   C c

b. 발음기호   k

c. 음가   크

d. 한국어 자음   ㅋ

연습요령

한국어 '아, 야, 어, 여, 오, 요, 우, 유, 으, 이'를 말할 때 동시에 'C c 자음' 특징 발음 감각을 연습한다.
특징의 설명을 이해하고 학습자 스스로 약속된 연습 횟수대로 해 보면 'C c 자음' 원어민 발음 감각이
익숙하게 된다.

C c 자음의 발음 감각 연습 Ground (연습 횟수 재미로 50번)

ca.	cya.	ceo.	cyeo.	co.	cyo.	cu.	cyu.	ceu.	ci.
(크아)	(크야)	(크어)	(크여)	(크오)	(크요)	(크우)	(크유)	(크으)	(크이)

* 연습할 때 절대 주의

한국어식 '카, 캬, 커, 켜, 코, 쿄, 쿠, 큐, 크, 키' 발음하듯 하면
원어민 발음 감각을 절대로 익힐 수 없음.

> '고양이 cat'를 재미로 30번
> 연습 후 본인 발음을 핸드폰
> 앱 '음성녹음'에 녹음해 보기
> — 영어 회화 시작 —

영어 회화 첫걸음 [C c 자음의 실제 Phonics 감각 (예)]

영어식   cat   (크+애+트)

한국어식   cat   (캣)

고양이

c̲at

· 한국어 단어로 꼭 영어단어 소리를 익혀내는 '습관'을 길들여야 영어 회화가 술술술 저절로 된다.

· 한글로 소리를 써서 익히면 안 됨. 다만, 이해를 돕기 위해서 '예'로 썼음.

· C c 자음 발음 실제 연습 Ground에서 재미로 50번 해 보기

수백번 '입'을 통해서만이 영어 원어민 발음이 될 수 있다!

15 K k 자음 Phonics 감각 연습 Ground

a. 영어 자음자　K k
b. 발음기호　k
c. 음가　ㅋ
d. 한국어 자음　ㅋ

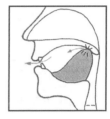

특징 혀 위치 / 무성음

혀 위치는 혀끝을 아랫니 잇몸에 대고 혀의 뒷부분을 입천장 뒤에 대고나서 떼면서 성대를 울리지 않고 무성음 '크' 소리로 연습해 본다.

연습요령

한국어 '아, 야, 어, 여, 오, 요, 우, 유, 으, 이'를 말할 때 동시에 'K k 자음' 특징 발음 감각을 연습한다. 특징의 설명을 이해하고 학습자 스스로 약속된 연습 횟수대로 해 보면 'K k 자음' 원어민 발음 감각이 익숙하게 된다.

K k 자음의 발음 감각 연습 Ground (연습 횟수 재미로 50번)

ka. (크아)	kya. (크야)	keo. (크어)	kyeo. (크여)	ko. (크오)	kyo. (크요)	ku. (크우)	kyu. (크유)	keu. (크으)	ki. (크이)

* 연습할 때 절대 주의

한국어식 '카, 캬, 커, 켜, 코, 쿄, 쿠, 큐, 크, 키' 발음하듯 하면 원어민 발음 감각을 절대로 익힐 수 없음.

'열쇠 key'를 재미로 30번 연습 후 본인 발음을 핸드폰 앱 '음성녹음'에 녹음해 보기
– 영어 회화 시작 –

영어 회화 첫걸음 [K k 자음의 실제 Phonics 감각 (예)]

영어식　key　　　(크+이)

한국어식　key　　　(키)

열쇠
key

· 한국어 단어로 꼭 영어단어 소리를 익혀내는 '습관'을 길들여야 영어 회화가 술술술 저절로 된다.
· 한글로 소리를 써서 익히면 안 됨. 다만, 이해를 돕기 위해서 '예'로 썼음.
· K k 자음 발음 실제 연습 Ground에서 재미로 50번 해 보기

'입'을 원리원칙대로 연습하면 원어민처럼 '입'에서 소리가 된다!

16   **Q q**   자음 Phonics 감각 연습 Ground

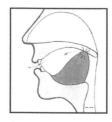

a. 영어 자음자   Q q

b. 발음기호   k

c. 음가   ㅋ

d. 한국어 자음   ㅋ

특징 혀 위치 / 무성음

혀 위치는 혀끝을 아랫니 잇몸에 대고 혀의 뒷부분을 입천장 뒤에 대고나서 떼면서 성대를 울리지 않고 무성음 '크' 소리로 연습해 본다.

연습요령

한국어 '아, 야, 어, 여, 오, 요, 우, 유, 으, 이'를 말할 때 동시에 'Q q 자음' 특징 발음 감각을 연습한다. 특징의 설명을 이해하고 학습자 스스로 약속된 연습 횟수대로 해 보면 'Q q 자음' 원어민 발음 감각이 익숙하게 된다.

Q q 자음의 발음 감각 연습 Ground (연습 횟수 재미로 50번)

qa.	qya.	qeo.	qyeo.	qo.	qyo.	qu.	qyu.	qeu.	qi.
(크아)	(크야)	(크어)	(크여)	(크오)	(크요)	(크우)	(크유)	(크으)	(크이)

* 연습할 때 절대 주의

   한국어식 '카, 캬, 커, 켜, 코, 쿄, 쿠, 큐, 크, 키' 발음하듯 하면 원어민 발음 감각을 절대로 익힐 수 없음.

> '여왕 queen'을 재미로 30번 연습 후 본인 발음을 핸드폰 앱 '음성녹음'에 녹음해 보기
> – 영어 회화 시작 –

영어 회화 첫걸음 [Q q 자음의 실제 Phonics 감각 (예)]

영어식   queen   (크 + 우 + 아 + 느)

한국어식   queen   (퀸)

여왕
queen

· 한국어 단어로 꼭 영어단어 소리를 익혀내는 '습관'을 길들여야 영어 회화가 술술술 저절로 된다.

· 한글로 소리를 써서 익히면 안 됨. 다만, 이해를 돕기 위해서 '예'로 썼음.

· Q q 자음 발음 실제 연습 Ground에서 재미로 50번 해 보기

수백번 '입'을 통해서만이 영어 원어민 발음이 될 수 있다!

17 X x 자음 Phonics 감각 연습 Ground

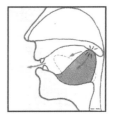

a. 영어 자음자   X x

b. 발음기호   ks (x가 끝자음 소리일 때)

c. 음가   크스

d. 한국어 자음   ㅋ ㅅ

특징 혀 위치 / 무성음

혀 위치는 그림과 같이 연속 동작 하면서 '크스' 소리를 가스가 새어나오듯 약하게 성대를 울리지 않으면서 무성음 '크스' 소리로 연습해 본다.

연습요령

한국어 '아, 야, 어, 여, 오, 요, 우, 유, 으, 이'를 말할 때 동시에 'X x 자음' 특징 발음 감각을 연습한다. 특징의 설명을 이해하고 학습자 스스로 약속된 연습 횟수대로 해 보면 'X x 자음' 원어민 발음 감각이 익숙하게 된다.

X x 자음의 발음 감각 연습 Ground (연습 횟수 재미로 50번)

xa. (크스아)	xya. (크스야)	xeo. (크스어)	xyeo. (크스여)	xo. (크스오)	xyo. (크스요)	xu. (크스우)	xyu. (크스유)	xeu. (크스으)	xi. (크스이)

* 연습할 때 절대 주의

한국어식 '크사, 크샤, 크서, 크셔, 크소, 크쇼, 크수, 크슈, 크스, 크시' 발음하듯 하면 원어민 발음 감각을 절대로 익힐 수 없음.

> '상자 box'를 재미로 30번 연습 후 본인 발음을 핸드폰 앱 '음성녹음'에 녹음해 보기
> – 영어 회화 시작 –

영어 회화 첫걸음 [X x 자음의 실제 Phonics 감각 (예)]

영어식   box   (브+아+크스)

한국어식   box   (박스)

상자
box

· 한국어 단어로 꼭 영어단어 소리를 익혀내는 '습관'을 길들여야 영어 회화가 술술술 저절로 된다.

· 한글로 소리를 써서 익히면 안 됨. 다만, 이해를 돕기 위해서 '예'로 썼음.

· X x 자음 발음 실제 연습 Ground에서 재미로 50번 해 보기

'입'은 원리원칙대로 연습하면 원어민처럼 '입'에서 소리가 된다!

18　**T t**　자음 Phonics 감각 연습 Ground

a. 영어 자음자　　T t

b. 발음기호　　　　t

c. 음가　　　　　　트

d. 한국어 자음　　　ㅌ

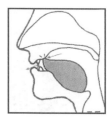

특징　혀 위치 / 무성음

혀 위치는 혀끝을 윗니 잇몸 뒤에 댄 다음 갑자기 떼면서 성대를 울리지 않고 무성음 '트' 소리로 연습해 본다.

연습요령

한국어 '아, 야, 어, 여, 오, 요, 우, 유, 으, 이'를 말할 때 동시에 'T t 자음' 특징 발음 감각을 연습한다. 특징의 설명을 이해하고 학습자 스스로 약속된 연습 횟수대로 해 보면 'T t 자음' 원어민 발음 감각이 익숙하게 된다.

T t 자음의 발음 감각 연습 Ground (연습 횟수 재미로 50번)

ta.	tya.	teo.	tyeo.	to.	tyo.	tu.	tyu.	teu.	ti.
(트아)	(트야)	(트어)	(트여)	(트오)	(트요)	(트우)	(트유)	(트으)	(트이)

* 연습할 때 절대 주의

한국어식 '타, 탸, 터, 텨, 토, 튜, 툐, 트, 티' 발음하듯 하면 원어민 발음 감각을 절대로 익힐 수 없음.

> '열, 십 ten'을 재미로 30번 연습 후 본인 발음을 핸드폰 앱 '음성녹음'에 녹음해 보기
> – 영어 회화 시작 –

영어 회화 첫걸음 [T t 자음의 실제 Phonics 감각 (예)]

	영어식	ten	(트 +에 +느)
	한국어식	ten	(텐)

열, 십

ten

· 한국어 단어로 꼭 영어단어 소리를 익혀내는 '습관'을 길들여야 영어 회화가 술술술 저절로 된다.

· 한글로 소리를 써서 익히면 안 됨. 다만, 이해를 돕기 위해서 '예'로 썼음.

· T t 자음 발음 실제 연습 Ground에서 재미로 50번 해 보기

수백번 '입'을 통해서만이 영어 원어민 발음이 될 수 있다!

P p

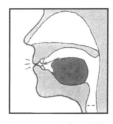

특징 입 모양 / 무성음

입 모양은 위 아래 입술을 붙였다 떼면서
성대를 울리지 않고 무성음 '프' 소리로
연습해 본다.

a. 영어 자음자　　P p

b. 발음기호　　　　p

c. 음가　　　　　　프

d. 한국어 자음　　ㅍ

연습요령

한국어 '아, 야, 어, 여, 오, 요, 우, 유, 으, 이'를 말할 때 동시에 'P p 자음' 특징 발음 감각을 연습한다.
특징의 설명을 이해하고 학습자 스스로 약속된 연습 횟수대로 해 보면 'P p 자음' 원어민 발음 감각이
익숙하게 된다.

P p 자음의 발음 감각 연습 Ground (연습 횟수 재미로 50번)

pa.	pya.	peo.	pyeo.	po.	pyo.	pu.	pyu.	peu.	pi.
(프아)	(프야)	(프어)	(프여)	(프오)	(프요)	(프우)	(프유)	(프으)	(프이)

* 연습할 때 절대 주의

　한국어식 '파, 퍄, 퍼, 펴, 포, 표, 푸, 퓨, 프, 피' 발음하듯 하면
　원어민 발음 감각을 절대로 익힐 수 없음.

> '파이프 pipe'를 재미로
> 30번 연습 후 본인 발음을 핸드
> 폰 앱 '음성녹음'에 녹음해 보기
> – 영어 회화 시작 –

영어 회화 첫걸음 [P p 자음의 실제 Phonics 감각 (예)]

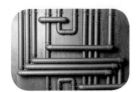

영어식　　pipe　　　(프+아이+프)

한국어식　pipe　　　(파이프)

파이프
pipe

· 한국어 단어로 꼭 영어단어 소리를 익혀내는 '습관'을 길들여야 영어 회화가 술술술 저절로 된다.

· 한글로 소리를 써서 익히면 안 됨. 다만, 이해를 돕기 위해서 '예'로 썼음.

· P p 자음 발음 실제 연습 Ground에서 재미로 50번 해 보기

'입'을 원리원칙대로 연습하면 원어민처럼 '입'에서 소리가 된다!

20 F f 자음 Phonics 감각 연습 Ground

a. 영어 자음자 F f
b. 발음기호 f
c. 음가 <u>프</u>
d. 한국어 자음 ㅍ

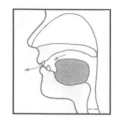

특징 입 모양 / 무성음

입 모양은 아래 입술을 윗니에 살짝대고 떼면서 성대를 울리지 않고 무성음 '프' 소리로 연습해 본다.

연습요령

한국어 '아, 야, 어, 여, 오, 요, 우, 유, 으, 이'를 말할 때 동시에 'F f 자음' 특징 발음 감각을 연습한다. 특징의 설명을 이해하고 학습자 스스로 약속된 연습 횟수대로 해 보면 'F f 자음' 원어민 발음 감각이 익숙하게 된다.

F f 자음의 발음 감각 연습 Ground (연습 횟수 재미로 50번)

fa.	fya.	feo.	fyeo.	fo.	fyo.	fu.	fyu.	feu.	fi.
(프아)	(프야)	(프어)	(프여)	(프오)	(프요)	(프우)	(프유)	(프으)	(프이)

* 연습할 때 절대 주의

한국어식 '파, 퍄, 퍼, 펴, 포, 표, 푸, 퓨, 프, 피' 발음하듯 하면 원어민 발음 감각을 절대로 익힐 수 없음.

> '친구 friend'를 재미로 30번 연습 후 본인 발음을 핸드폰 앱 '음성녹음'에 녹음해 보기
> – 영어 회화 시작 –

영어 회화 첫걸음 [F f 자음의 실제 Phonics 감각 (예)]

영어식 friend (프+르+에+느+드)

한국어식 friend (프렌드)

친구
<u>f</u>riend

· 한국어 단어로 꼭 영어단어 소리를 익혀내는 '습관'을 길들여야 영어 회화가 술술술 저절로 된다.
· 앞 19번 P p 와는 전혀 소리가 다름.
· 한글로 소리를 써서 익히면 안 됨. 다만 이해를 돕기 위해서 '예'로 썼음.
· F f 자음 발음 실제 연습 Ground에서 재미로 50번 해 보기

수백번 '입'을 통해서만이 영어 원어민 발음이 될 수 있다!

H h

자음 Phonics 감각 연습 Ground

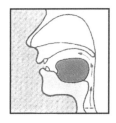

a. 영어 자음자   H h

b. 발음기호   h

c. 음가   흐

d. 한국어 자음   ㅎ

특징 입 모양 / 무성음

입 모양은 자연스럽게 벌리고 허위치는 혀
가 입안 어디에도 접촉되지 않은 상태에서
성대를 울리지 않고 공기를 밖으로 불어내
면서 무성음 '흐' 소리로 연습해 본다.

연습요령

한국어 '아, 야, 어, 여, 오, 요, 우, 유, 으, 이'를 말할 때 동시에 'H h 자음' 특징 발음 감각을 연습한다.
특징의 설명을 이해하고 학습자 스스로 약속된 연습 횟수대로 해 보면 'H h 자음' 원어민 발음 감각이
익숙하게 된다.

H h 자음의 발음 감각 연습 Ground (연습 횟수 재미로 50번)

ha.	hya.	heo.	hyeo.	ho.	hyo.	hu.	hyu.	heu.	hi.
(흐아)	(흐야)	(흐어)	(흐여)	(흐오)	(흐요)	(흐우)	(흐유)	(흐으)	(흐이)

* 연습할 때 절대 주의

  한국어식 '하, 햐, 허, 혀, 호, 효, 후, 휴, 흐, 히' 발음하듯 하면
원어민 발음 감각을 절대로 익힐 수 없음.

> '머리 head'를 재미로
> 30번 연습 후 본인 발음을 핸드
> 폰 앱 '음성녹음'에 녹음해 보기
> – 영어 회화 시작 –

영어 회화 첫걸음 [H h 자음의 실제 Phonics 감각 (예)]

영어식   head   (흐 + 에 + 느)

한국어식   head   (헤드)

머리
<u>h</u>ead

· 한국어 단어로 꼭 영어단어 소리를 익혀내는 '습관'을 길들여야 영어 회화가 술술술 저절로 된다.

· 한글로 소리를 써서 익히면 안 됨. 다만, 이해를 돕기 위해서 '예'로 썼음.

· H h 자음 발음 실제 연습 Ground에서 재미로 50번 해 보기

'입'을 원리원칙대로 연습하면 원어민처럼 '입'에서 소리가 된다!

22　_TH th_　자음 Phonics 감각 연습 Ground

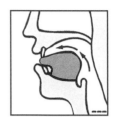

a. 영어 자음자　　TH th

b. 발음기호　　　Θ

c. 음가　　　　　<u>쓰</u>

d. 한국어 자음　　ㅆ

특징　혀 위치 / 무성음

혀 위치는 혀끝을 위 아랫니로 살짝 물고
공기를 내쉴 때 성대를 울리지 않으면서
무성음 '쓰' 소리로 연습해 본다.

연습요령

한국어 '아, 야, 어, 여, 오, 요, 우, 유, 으, 이'를 말할 때 동시에 'TH th 자음' 특징 발음 감각을 연습한다.
특징의 설명을 이해하고 학습자 스스로 약속된 연습 횟수대로 해 보면 'Th th 자음' 원어민 발음 감각
이 익숙하게 된다.

TH th 자음의 발음 감각 연습 Ground (연습 횟수 재미로 50번)

tha. (쓰아)	thya. (쓰야)	theo. (쓰어)	thyeo. (쓰여)	tho. (쓰오)	thyo. (쓰요)	thu. (쓰우)	thyu. (쓰유)	theu. (쓰으)	thi. (쓰이)

* 연습할 때 절대 주의
　한국어식 '싸, 쌰, 써, 쎠, 쏘, 쑈, 쓰, 씨' 발음하듯 하면
　원어민 발음 감각을 절대로 익힐 수 없음.

'셋 three'을 재미로 30번 연습
후 본인 발음을 핸드폰 앱 '음
성녹음'에 녹음해 보기
– 영어 회화 시작 –

영어 회화 첫걸음 [TH th 자음의 실제 Phonics 감각 (예)]

3

영어식　　three　　(쓰+르+이)

한국어식　three　　(쓰리)

셋
<u>th</u>ree

· 한국어 단어로 꼭 영어단어 소리를 익혀내는 '습관'을 길들여야 영어 회화가 술술술 저절로 된다.
· 한글로 소리를 써서 익히면 안 됨. 다만, 이해를 돕기 위해서 '예'로 썼음.
· TH th 자음 발음 실제 연습 Ground에서 재미로 50번 해 보기

수백번 '입'을 통해서만이 영어 원어민 발음이 될 수 있다!

SH sh

자음 Phonics 감각 연습 Ground

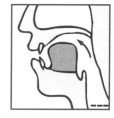

a. 영어 자음자　　SH sh

b. 발음기호　　　∫

c. 음가　　　　　쉬

d. 한국어 자음　　없음

특징 입 모양 / 혀 위치 / 무성음

입 모양은 입술을 동그랗게 내밀고 혀위치를 아주 가깝지만 닿지는 않도록 위치시킨 후 성대를 울리지 않으면서 무성음 '쉬' 소리로 연습해 본다.

연습요령

한국어 '아, 야, 어, 여, 오, 요, 우, 유, 으, 이'를 말할 때 동시에 'SH sh 자음' 특징 발음 감각을 연습한다. 특징의 설명을 이해하고 학습자 스스로 약속된 연습 횟수대로 해 보면 'SH sh 자음' 원어민 발음 감각이 익숙하게 된다.

SH sh 자음의 발음 감각 연습 Ground (연습 횟수 재미로 50번)

sha.	shya.	sheo.	shyeo.	sho.	shyo.	shu.	shyu.	sheu.	shi.
(쉬아)	(쉬야)	(쉬어)	(쉬여)	(쉬오)	(쉬요)	(쉬우)	(쉬유)	(쉬으)	(쉬이)

* 연습할 때 절대 주의

한국어식 '사, 샤, 서, 셔, 소, 쇼, 수, 슈, 스, 시' 발음하듯 하면 원어민 발음 감각을 절대로 익힐 수 없음.

'솔 brush'을 재미로 30번 연습 후 본인 발음을 핸드폰 앱 '음성녹음'에 녹음해 보기
– 영어 회화 시작 –

영어 회화 첫걸음 [SH sh 자음의 실제 Phonics 감각 (예)]

영어식　　brush　　(브+르+이+쉬)

한국어식　brush　　(브러쉬)

솔
brush

· 한국어 단어로 꼭 영어단어 소리를 익혀내는 '습관'을 길들여야 영어 회화가 술술술 저절로 된다.

· 한글로 소리를 써서 익히면 안 됨. 다만, 이해를 돕기 위해서 '예'로 썼음.

· SH sh 자음 발음 실제 연습 Ground에서 재미로 50번 해 보기

'입'을 원리원칙대로 연습하면 원어민처럼 '입'에서 소리가 된다!

24 *SI si* 자음 Phonics 감각 연습 Ground

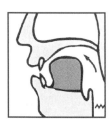

a. 영어 자음자   SI si

b. 발음기호   3

c. 음가   쥐

d. 한국어 자음   없음

특징 입 모양 / 혀 위치 / 유성음

입 모양은 입술을 동그랗게 약간 내밀고 혀 위치는 혀끝을 입천장 앞 부분에 아주 가깝지만 닿지는 않도록 위치시킨 후 유성음 '쥐' 소리로 연습해 본다.

연습요령

한국어 '아, 야, 어, 여, 오, 요, 우, 유, 으, 이'를 말할 때 동시에 'SI si 자음' 특징 발음 감각을 연습한다. 특징의 설명을 이해하고 학습자 스스로 약속된 연습 횟수대로 해 보면 'SI si 자음' 원어민 발음 감각이 익숙하게 된다.

SI si 자음의 발음 감각 연습 Ground (연습 횟수 재미로 50번)

sia. (쥐아)	siya. (쥐야)	sieo. (쥐어)	siyeo. (쥐여)	sio. (쥐오)	siyo. (쥐요)	siu. (쥐우)	siyu. (쥐유)	sieu. (쥐으)	sii. (쥐이)

* 연습할 때 절대 주의

  한국어식 '쥐' 발음하듯 하면 절대 안 됨. 발음 설명 요령대로!

> '텔레비젼 television'을 재미로 30번 연습 후 본인 발음을 핸드폰 앱 '음성녹음'에 녹음해 보기
> – 영어 회화 시작 –

영어 회화 첫걸음 [SI si 자음의 실제 Phonics 감각 (예)]

영어식   television   (트+에+르+어+브+이+쥐+어+느)

한국어식   television   (텔레비젼)

텔레비젼
television

· 한국어 단어로 꼭 영어단어 소리를 익혀내는 '습관'을 길들여야 영어 회화가 술술술 저절로 된다.

· 한글로 소리를 써서 익히면 안 됨. 다만, 이해를 돕기 위해서 '예'로 썼음.

· SI si 자음 발음 실제 연습 Ground에서 재미로 50번 해 보기

수백번 '입'을 통해서만이 영어 원어민 발음이 될 수 있다!

25 *NG ng* 자음 Phonics 감각 연습 Ground

a. 영어 자음자   NG ng

b. 발음기호   ŋ

c. 음가   응

d. 한국어 자음   없음

특징 혀 위치 / 유성음

혀 위치는 혀의 뒷부분을 입천장 뒤쪽에 대고 코로 공기를 내쉰 듯 약간 길게 성대를 울리면서 유성음으로 '응' 소리로 연습해 본다.

연습요령

한국어 '아, 야, 어, 여, 오, 요, 우, 유, 으, 이'를 말할 때 동시에 'NG ng 자음' 특징 발음 감각을 연습한다. 특징의 설명을 이해하고 학습자 스스로 약속된 연습 횟수대로 해 보면 'NG ng 자음' 원어민 발음 감각이 익숙하게 된다.

NG ng 자음의 발음 감각 연습 Ground (연습 횟수 재미로 50번)

nga.	ngya.	ngeo.	ngyeo.	ngo.	ngyo.	ngu.	ngyu.	ngeu.	ngi.
(응아)	(응야)	(응어)	(응여)	(응오)	(응요)	(응우)	(응유)	(응으)	(응이)

* 연습할 때 절대 주의

  한국어식 '응' 발음하듯 하면 절대 안 됨. 발음 설명 요령대로!

'노래 부르다 sing'를 재미로 30번 연습 후 본인 발음을 핸드폰 앱 '음성녹음'에 녹음해 보기

– 영어 회화 시작 –

영어 회화 첫걸음 [NG ng 자음의 실제 Phonics 감각 (예)]

영어식   sing   (스+이+응)

한국어식   sing   (싱)

노래 부르다
sing

· 한국어 단어로 꼭 영어단어 소리를 익혀내는 '습관'을 길들여야 영어 회화가 술술술 저절로 된다.

· 한글로 소리를 써서 익히면 안 됨. 다만, 이해를 돕기 위해서 '예'로 썼음.

· NG ng 자음 발음 실제 연습 Ground에서 재미로 50번 해 보기

'입'을 원리원칙대로 연습하면 원어민처럼 '입'에서 소리가 된다!

Please train your English conversation

for yourself everyday happily.

*류기오式 영어회화 징검다리 話法화법으로 영어회화(말) 연습하기

영어 원어민 발음 해결하기

Chapter 6

단모음 音價음가
Phonics別별 연습 Ground

01 **A a** 단모음 Phonics 연습 Ground

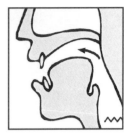

a. 영어 모음자   A a
b. 발음기호   æ
c. 음가   애
d. 한국어 모음   ㅐ

특징 입 모양 / 혀 위치 / 유성음
입모양은 검지와 중지 두 손가락을 붙여서 세워 위아랫니 사이에 넣을 정도로 입을 크게 벌리고 혀 위치는 입안에 아무 곳에도 닿지 않게 하고 유성음 '애' 소리로 연습해 본다.

특징 내용 설명을 이해하고 그림과 같은 음가의 Phonics 연습 '애' (연습 횟수 재미로 50번)

* 연습할 때 절대 주의
한국어식 '애' 발음하듯 하면 절대 안 됨. 발음 설명 요령대로!

'사과 apple'를 재미로 30번 연습 후 본인 발음을 핸드폰 앱 '음성녹음'에 녹음해 보기
— 영어 회화 시작 —

영어 회화 첫걸음 [A a 단모음의 실제 Phonics 감각 (예)]

영어식   apple   (애+프+르)

한국어식   apple   (애플)

사과
apple

· 한국어 단어로 꼭 영어단어 소리를 익혀내는 '습관'을 길들여야 영어 회화가 술술술 저절로 된다.
· 한글로 소리를 써서 익히면 안 됨. 다만, 이해를 돕기 위해서 '예'로 썼음.
· A a (애)단모음 발음 실제 연습 Ground에서 재미로 50번 해 보기

수백번 '입'을 통해서만이 영어 원어민 발음이 될 수 있다!

a. 영어 모음자　　E e
b. 발음기호　　　 e
c. 음가　　　　　에
d. 한국어 모음　　ㅔ

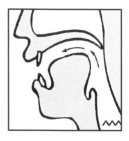

특징 입 모양 / 유성음

입모양은 엄지손가락을 세워서 위아랫니
사이에 넣을 정도로 입을 벌리고 유성음
'에' 소리로 연습해 본다.

특징 내용 설명을 이해하고 그림과 같은 음가의 Phonics 연습 '에' (연습 횟수 재미로 50번)

* 연습할 때 절대 주의
 한국어식 '에' 발음하듯 하면 절대 안 됨. 발음 설명 요령대로!

> '침대 bed'를 재미로 30번 연
> 습 후 본인 발음을 핸드폰 앱
> '음성녹음'에 녹음해 보기
> ― 영어 회화 시작 ―

영어 회화 첫걸음 [E e 단모음의 실제 Phonics 감각 (예)]

영어식	bed	(브+에+드)
한국어식	bed	(베드)

침대
b<u>e</u>d

· 한국어 단어로 꼭 영어단어 소리를 익혀내는 '습관'을 길들여야 영어 회화가 술술술 저절로 된다.
· 한글로 소리를 써서 익히면 안 됨. 다만, 이해를 돕기 위해서 '예'로 썼음.
· E e 단모음 발음 실제 연습 Ground에서 재미로 50번 해 보기

수백번 '입'을 통해서만이 영어 원어민 발음이 될 수 있다!

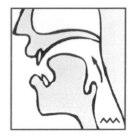

a. 영어 모음자   I i
b. 발음기호   i
c. 음가   이
d. 한국어 모음   l

특징 입 모양 / 유성음

입 모양은 새끼 손가락을 위 아랫니 사이에 넣을 정도로 입을 벌리고 유성음 '이' 소리로 짧게 연습해 본다.

특징 내용 설명을 이해하고 그림과 같은 음가의 Phonics 연습 '이' (연습 횟수 재미로 50번)

* 연습할 때 절대 주의

 한국어식 '이' 발음하듯 하면 절대 안 됨. 발음 설명 요령대로!

'핀 pin'을 재미로 30번 연습 후 본인 발음을 핸드폰 앱 '음성녹음'에 녹음해 보기
– 영어 회화 시작 –

영어 회화 첫걸음 [I i 단모음의 실제 Phonics 감각 (예)]

영어식   pin   (프ㅣ이+ㄴ)

한국어식   pin   (핀)

핀
pin

· 한국어 단어로 꼭 영어단어 소리를 익혀내는 '습관'을 길들여야 영어 회화가 술술술 저절로 된다.
· 한글로 소리를 써서 익히면 안 됨. 다만, 이해를 돕기 위해서 '예'로 썼음.
· I i (이) 단모음 발음 실제 연습 Ground에서 재미로 50번 해 보기

수백번 '입'을 통해서만이 영어 원어민 발음이 될 수 있다!

04 O o 단모음 Phonics 연습 Ground

a. 영어 모음자   O o

b. 발음기호   a

c. 음가   아

d. 한국어 모음   ㅏ

특징 입 모양 / 유성음

입 모양은 입을 크게 벌리고 입 속 깊숙이에서 하품을 하는 느낌으로 유성음 '아' 소리로 연습해 본다.

특징 내용 설명을 이해하고 그림과 같은 음가의 Phonics 연습 '아' (연습 횟수 재미로 50번)

* 연습할 때 절대 주의

한국어식 '아' 발음하듯 하면 절대 안 됨. 발음 설명 요령대로!

'상자 box'를 재미로 30번 연습 후 본인 발음을 핸드폰 앱 '음성녹음'에 녹음해 보기
– 영어 회화 시작 –

영어 회화 첫걸음 [O o 단모음의 실제 Phonics 감각 (예)]

| 영어식 | box | (브+아+크스) |
| 한국어식 | box | (박스) |

상자
box

· 한국어 단어로 꼭 영어단어 소리를 익혀내는 '습관'을 길들여야 영어 회화가 술술술 저절로 된다.

· 한글로 소리를 써서 익히면 안 됨. 다만, 이해를 돕기 위해서 '예'로 썼음.

· O o 단모음 발음 실제 연습 Ground에서 재미로 50번 해 보기

수백번 '입'을 통해서만이 영어 원어민 발음이 될 수 있다!

05 U u 단모음 Phonics 연습 Ground

a. 영어 모음자　　U u
b. 발음기호　　　ʌ
c. 음가　　　　　어
d. 한국어 모음　　ㅓ

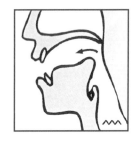

특징 입 모양 / 유성음

입 모양은 한국어의 '어'를 '아'를 발음할 때 만큼 입을 벌리고 유성음 '어'소리로 연습해 본다.

특징 내용 설명을 이해하고 그림과 같은 음가의 Phonics 연습 '어' (연습 횟수 재미로 50번)

* 연습할 때 절대 주의

  한국어식 '어' 발음하듯 하면 절대 안 됨. 발음 설명 요령대로!

'버스 bus'를 재미로 30번 연습 후 본인 발음을 핸드폰 앱 '음성녹음'에 녹음해 보기
– 영어 회화 시작 –

영어 회화 첫걸음 [U u 단모음의 실제 Phonics 감각 (예)]

영어식　　bus　　（ㅂㅓ어+ㅅ）

한국어식　bus　　（버스）

버스
bus

· 한국어 단어로 꼭 영어단어 소리를 익혀내는 '습관'을 길들여야 영어 회화가 술술술 저절로 된다.
· 한글로 소리를 써서 익히면 안 됨. 다만, 이해를 돕기 위해서 '예'로 썼음.
· U u 단모음 발음 실제 연습 Ground에서 재미로 50번 해 보기

수백번 '입'을 통해서만이 영어 원어민 발음이 될 수 있다!

06 A a 단모음 Phonics 연습 Ground

a. 영어 모음자　　A a
b. 발음기호　　　ə
c. 음가　　　　　어
d. 한국어 모음　　ㅓ

특징 입 모양 / 유성음

입 모양은 한국어의 '어'를 '아'를 발음할 때만큼 입을 벌리고 유성음 '어' 소리로 연습해 본다.

특징 내용 설명을 이해하고 그림과 같은 음가의 Phonics 연습 '어' (연습 횟수 재미로 50번)

* 연습할 때 절대 주의
　한국어식 '어' 발음하듯 하면 절대 안 됨. 발음 설명 요령대로!

'중국 china'을 재미로 30번 연습 후 본인 발음을 핸드폰 앱 '음성녹음'에 녹음해 보기
– 영어 회화 시작 –

영어 회화 첫걸음 [A a 단모음의 실제 Phonics 감각 (예)]

영어식	China	(취+아이+느+어)
한국어식	China	(차이나)

중국
China

· 한국어 단어로 꼭 영어단어 소리를 익혀내는 '습관'을 길들여야 영어 회화가 술술술 저절로 된다.
· 한글로 소리를 써서 익히면 안 됨. 다만, 이해를 돕기 위해서 '예'로 썼음.
· A a (어) 단모음 발음 실제 연습 Ground에서 재미로 50번 해 보기

수백번 '입'을 통해서만이 영어 원어민 발음이 될 수 있다!

07   O o   단모음 Phonics 연습 Ground

a. 영어 모음자   O o
b. 발음기호   ɔ
c. 음가   오
d. 한국어 모음   ㅗ

특징 입 모양 / 유성음

우리말의 '오'보다 입술을 조금 더 넓혀 '아'라고 하는 것처럼 목구멍 속에서 유성음 '오' 소리로 연습해 본다.

특징 내용 설명을 이해하고 그림과 같은 음가의 Phonics 연습 '오' (연습 횟수 재미로 50번)

* 연습할 때 절대 주의

한국어식 '오' 발음하듯 하면 절대 안 됨. 발음 설명 요령대로!

> '부드러운 soft'을 재미로 30번 연습 후 본인 발음을 핸드폰 앱 '음성녹음'에 녹음해 보기
> – 영어 회화 시작 –

영어 회화 첫걸음 [O o 단모음의 실제 Phonics 감각 (예)]

영어식	soft	(ㅅ ㅣ 오+ㅍ+ㅌ)
한국어식	soft	(소프트)

부드러운
soft

· 한국어 단어로 꼭 영어단어 소리를 익혀내는 '습관'을 길들여야 영어 회화가 술술술 저절로 된다.
· 한글로 소리를 써서 익히면 안 됨. 다만, 이해를 돕기 위해서 '예'로 썼음.
· O o (어) 단모음 발음 실제 연습 Ground에서 재미로 50번 해 보기

수백번 '입'을 통해서만이 영어 원어민 발음이 될 수 있다!

08 OO oo 단모음 Phonics 연습 Ground

a. 영어 모음자   OO oo
b. 발음기호   u
c. 음가   우
d. 한국어 모음   ㅜ

특징 입 모양 / 유성음

우리말의 '우'보다 입술을 더 동그랗게 내밀고 성대를 '우'하고 짧게 발음 연습해 본다.

특징 내용 설명을 이해하고 그림과 같은 음가의 Phonics 연습 '우' (연습 횟수 재미로 50번)

* 연습할 때 절대 주의

한국어식 '우' 발음하듯 하면 절대 안 됨. 발음 설명 요령대로!

> '책 book'을 재미로 30번 연습
> 후 본인 발음을 핸드폰 앱 '음성
> 녹음'에 녹음해 보기
> — 영어 회화 시작 —

영어 회화 첫걸음 [OO oo단모음의 실제 Phonics 감각 (예)]

영어식   book   (브+우+크)

한국어식   book   (북)

책
book

· 한국어 단어로 꼭 영어단어 소리를 익혀내는 '습관'을 길들여야 영어 회화가 술술술 저절로 된다.
· 한글로 소리를 써서 익히면 안 됨. 다만, 이해를 돕기 위해서 '예'로 썼음.
· OO oo (우) 단모음 발음 실제 연습 Ground에서 재미로 50번 해 보기

수백번 '입'을 통해서만이 영어 원어민 발음이 될 수 있다!

09 *ER er* 단모음 Phonics 연습 Ground

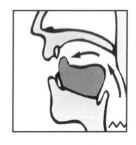

a. 영어 모음자   ER er
b. 발음기호   ər
c. 음가   어
d. 한국어 모음   ㅓ

특징 혀 위치 / 유성음

'e'라는 철자에 'r'이 있으면 'ə 어'를 발음
하는 상태에서 혀끝을 약간 감아 올리고
'r 르' 성대를 울리어 'ər 어르'라고 발음
연습해 본다.

특징 내용 설명을 이해하고 그림과 같은 음가의 Phonics 연습 '어' (연습 횟수 재미로 50번)

* 연습할 때 절대 주의

한국어식 '어' 발음하듯 하면 절대 안 됨. 발음 설명 요령대로!

> '편지 letter'를 재미로 30번 연
> 습 후 본인 발음을 핸드폰 앱
> '음성녹음'에 녹음해 보기
> — 영어 회화 시작 —

영어 회화 첫걸음 [ER er 단모음의 실제 Phonics 감각 (예)]

영어식	letter	(르ㅣ+에+트ㅣ+어르)
한국어식	letter	(레터)

편지
letter

· 한국어 단어로 꼭 영어단어 소리를 익혀내는 '습관'을 길들여야 영어 회화가 술술술 저절로 된다.
· 한글로 소리를 써서 익히면 안 됨. 다만, 이해를 돕기 위해서 '예'로 썼음.
· ER er (어~르) 단모음 발음 실제 연습 Ground에서 재미로 50번 해 보기

수백번 '입'을 통해서만이 영어 원어민 발음이 될 수 있다!

Please train your English conversation

for yourself everyday happily.

*류기오式 영어회화 징검다리 話法화법으로 영어회화(말) 연습하기

영어 원어민 발음 해결하기

Chapter 7

장모음 音價음가
Phonics別별 연습 Ground

01 *a/ai/ay/ea*

장모음 Phonics 연습 Ground

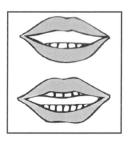

a. 영어 장모음자   a ai ay ea

b. 발음기호   ei

c. 음가   에이

d. 한국어 모음   ㅔㅣ

특징 입 모양 /유성음

'에'는 강하게 '이'는 약하게 흐리게 짧게
연속으로 빠르게 발음해 본다.

특징 내용 설명을 이해하고 그림과 같은 음가의 Phonics 연습 '에이' (연습 횟수 재미로 50번)

* 연습할 때 절대 주의

한국어식 '에이' 발음하듯 하면 절대 안 됨. 발음 설명 요령대로!

> '이름 name'을 재미로 30번
> 연습 후 본인 발음을 핸드폰
> 앱 '음성녹음'에 녹음해 보기
> – 영어 회화 시작 –

영어 회화 첫걸음 [a 장모음의 실제 Phonics 감각 (예)]

영어식   name   (느+에이+므)

한국어식   name   (네임)

이름

n<u>a</u>me

· 한국어 단어로 꼭 영어단어 소리를 익혀내는 '습관'을 길들여야 영어 회화가 술술술 저절로 된다.

· 한글로 소리를 써서 익히면 안 됨. 다만, 이해를 돕기 위해서 '예'로 썼음.

· a 장모음 발음 실제 연습 Ground에서 재미로 50번 해 보기

연습하면 원어민 발음은 이루어진다!

02 *ee/ea/e/ie* 장모음 Phonics 연습 Ground

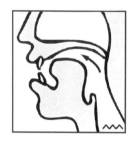

- a. 영어 장모음자   ee ea e ie
- b. 발음기호   i:
- c. 음가   이~
- d. 한국어 모음   ㅣ

특징 입 모양 /혀 위치/ 유성음
우리말이 '이이'와 비슷하나 이 사이를 약간 떼고 혀의 중앙을 높여서 성대를 울리어 '이~'하고 길게 강하게 발음해 본다.

특징 내용 설명을 이해하고 그림과 같은 음가의 Phonics 연습 '이~' (연습 횟수 재미로 50번)

* 연습할 때 절대 주의
  한국어식 '이' 발음하듯 하면 절대 안 됨. 발음 설명 요령대로!

> '만나다 meet'를 재미로 30번
> 연습 후 본인 발음을 핸드폰 앱
> '음성녹음'에 녹음해 보기
> – 영어 회화 시작 –

영어 회화 첫걸음 [e 장모음의 실제 Phonics 감각 (예)]

| 영어식 | meet | (므 +이~ +트) |
| 한국어식 | meet | (미트) |

만나다
m<u>ee</u>t

· 한국어 단어로 꼭 영어단어 소리를 익혀내는 '습관'을 길들여야 영어 회화가 술술술 저절로 된다.
· 한글로 소리를 써서 익히면 안 됨. 다만, 이해를 돕기 위해서 '예'로 썼음.
· e 장모음 발음 실제 연습 Ground에서 재미로 50번 해 보기

'입'을 원리원칙대로 연습하면 원어민처럼 '입'에서 소리가 된다!

03   *i / ie*   장모음 Phonics 연습 Ground

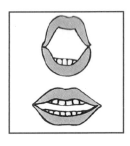

a. 영어 장모음자   i ie

b. 발음기호   ai

c. 음가   아이

d. 한국어 모음   ㅏㅣ

특징 입 모양 /유성음
'아'는 강하게 '이'는 약하게 흐리게 짧게
연속으로 빠르게 발음해 본다.

특징 내용 설명을 이해하고 그림과 같은 음가의 Phonics 연습 '아이' (연습 횟수 재미로 50번)

* 연습할 때 절대 주의
  한국어식 '아이' 발음하듯 하면 절대 안 됨. 발음 설명 요령대로!

> '연 kite'을 재미로 30번 연습 후
> 본인 발음을 핸드폰 앱 '음성녹
> 음'에 녹음해 보기
> − 영어 회화 시작 −

영어 회화 첫걸음 [i 장모음의 실제 Phonics 감각 (예)]

영어식	kite	(크+아이+트)
한국어식	kite	(카이트)

연
kite

· 한국어 단어로 꼭 영어단어 소리를 익혀내는 '습관'을 길들여야 영어 회화가 술술술 저절로 된다.
· 한글로 소리를 써서 익히면 안 됨. 다만, 이해를 돕기 위해서 '예'로 썼음.
· i 장모음 발음 실제 연습 Ground에서 재미로 50번 해 보기

연습하면 원어민 발음은 이루어진다!

04 *oa/ow/oe* 장모음 Phonics 연습 Ground

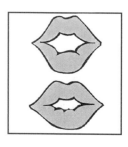

특징 입 모양 /유성음

'오'는 강하게 '우'는 약하게 흐리게 짧게
연속으로 빠르게 발음해 본다.

a. 영어 장모음자   oa ow oe
b. 발음기호   ou
c. 음가   오우
d. 한국어 모음   ㅗㅜ

특징 내용 설명을 이해하고 그림과 같은 음가의 Phonics 연습 '오우' (연습 횟수 재미로 50번)

* 연습할 때 절대 주의

한국어식 '오우' 발음하듯 하면 절대 안 됨. 발음 설명 요령대로!

> '코트 coat'를 재미로 30번 연습
> 후 본인 발음을 핸드폰 앱 '음성
> 녹음'에 녹음해 보기
> – 영어 회화 시작 –

영어 회화 첫걸음 [o 장모음의 실제 Phonics 감각 (예)]

영어식	coat	(크+오우+트)
한국어식	coat	(코트)

코트
coat

· 한국어 단어로 꼭 영어단어 소리를 익혀내는 '습관'을 길들여야 영어 회화가 술술술 저절로 된다.
· 한글로 소리를 써서 익히면 안 됨. 다만, 이해를 돕기 위해서 '예'로 썼음.
· o 장모음 발음 실제 연습 Ground에서 재미로 50번 해 보기

'입'은 원리원칙대로 연습하면 원어민처럼 '입'에서 소리가 된다!

u / oo   장모음 Phonics 연습 Ground

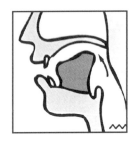

특징 입 모양 /유성음

휘파람을 불때와 같이 입을 둥글게 해서 앞으로 내민 다음에 '유~'하고 강하게 발음해 본다.

a. 영어 장모음자   u oo
b. 발음기호   uː
c. 음가   유~
d. 한국어 모음   ㅠ

특징 내용 설명을 이해하고 그림과 같은 음가의 Phonics 연습 '유~' (연습 횟수 재미로 50번)

* 연습할 때 절대 주의

한국어식 '유' 발음하듯 하면 절대 안 됨. 발음 설명 요령대로!

'튜브 tube'를 재미로 30번 연습 후 본인 발음을 핸드폰 앱 '음성 녹음'에 녹음해 보기
– 영어 회화 시작 –

영어 회화 첫걸음 [u 장모음의 실제 Phonics 감각 (예)]

영어식   tube   (트+유+ㅂ)

한국어식   tube   (튜브)

튜브
tube

· 한국어 단어로 꼭 영어단어 소리를 익혀내는 '습관'을 길들여야 영어 회화가 술술술 저절로 된다.
· 한글로 소리를 써서 익히면 안 됨. 다만, 이해를 돕기 위해서 '예'로 썼음.
· u 장모음 발음 실제 연습 Ground에서 재미로 50번 해 보기

연습하면 원어민 발음은 이루어진다!

06 *a* 장모음 Phonics 연습 Ground

특징 입 모양 /유성음

a. 영어 장모음자   a
b. 발음기호   a:
c. 음가   아~
d. 한국어 모음   ㅏ

하품할 때처럼 입을 벌리고 혀를 낮추어 입 뒤에서 성대를 울리어 '아~'라고 길게 발음해 본다.

특징 내용 설명을 이해하고 그림과 같은 음가의 Phonics 연습 '아~' (연습 횟수 재미로 50번)

＊연습할 때 절대 주의

　한국어식 '아' 발음하듯 하면 절대 안 됨. 발음 설명 요령대로!

'아버지 father'를 재미로 30번 연습 후 본인 발음을 핸드폰 앱 '음성녹음'에 녹음해 보기 – 영어 회화 시작 –

영어 회화 첫걸음 [a장모음의 실제 Phonics 감각 (예)]

영어식   father   (프+아~+드+어r)

한국어식 father   (파아더)

아버지
f**a**ther

· 한국어 단어로 꼭 영어단어 소리를 익혀내는 '습관'을 길들여야 영어 회화가 술술술 저절로 된다.
· 한글로 소리를 써서 익히면 안 됨. 다만, 이해를 돕기 위해서 '예'로 썼음.
· a 장모음 발음 실제 연습 Ground에서 재미로 50번 해 보기

'입'은 원리원칙대로 연습하면 원어민처럼 '입'에서 소리가 된다!

07 *a/au/ou* 장모음 Phonics 연습 Ground

a. 영어 장모음자 a au ou

b. 발음기호 ɔː

c. 음가 오~

d. 한국어 모음 ㅗ

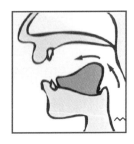

특징 입 모양 /유성음

입술을 동그랗게 내밀면서 입속을 넓히는 듯한 기분으로 '오~'라고 길게 강하게 발음해 본다.

특징 내용 설명을 이해하고 그림과 같은 음가의 Phonics 연습 '오~' (연습 횟수 재미로 50번)

* 연습할 때 절대 주의

한국어식 '오' 발음하듯 하면 절대 안 됨. 발음 설명 요령대로!

'부르다 call'를 재미로 30번 연습 후 본인 발음을 핸드폰 앱 '음성녹음'에 녹음해 보기

— 영어 회화 시작 —

영어 회화 첫걸음 [a 장모음의 실제 Phonics 감각 (예)]

영어식 call (크+오~+르)

한국어식 call (콜)

부르다

call

· 한국어 단어로 꼭 영어단어 소리를 익혀내는 '습관'을 길들여야 영어 회화가 술술술 저절로 된다.

· 한글로 소리를 써서 익히면 안 됨. 다만, 이해를 돕기 위해서 '예'로 썼음.

· a 장모음 발음 실제 연습 Ground에서 재미로 50번 해 보기

연습하면 원어민 발음은 이루어진다!

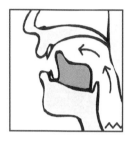

a. 영어 장모음자   ir ur

b. 발음기호   ɚ:r

c. 음가   어~

d. 한국어 모음   ㅓ

특징 입 모양 / 유성음

입을 조금 벌리고 입술을 좌우로 댕겨서 혀끝을 위로 구부리고 'r'을 울리면 'ɚ'소리로 발음해 본다.

특징 내용 설명을 이해하고 그림과 같은 음가의 Phonics 연습 '어~' (연습 횟수 재미로 50번)

* 연습할 때 절대 주의

한국어식 '어' 발음하듯 하면 절대 안 됨. 발음 설명 요령대로!

> '스커트 skirt'를 재미로 30번 연습 후 본인 발음을 핸드폰 앱 '음성녹음'에 녹음해 보기
> – 영어 회화 시작 –

영어 회화 첫걸음 [ir 장모음의 실제 Phonics 감각 (예)]

영어식	skirt	(스+크+어r+트)
한국어식	skirt	(스커트)

> 스커트
> skirt

· 한국어 단어로 꼭 영어단어 소리를 익혀내는 '습관'을 길들여야 영어 회화가 술술술 저절로 된다.

· 한글로 소리를 써서 익히면 안 됨. 다만, 이해를 돕기 위해서 '예'로 썼음.

· ir 장모음 발음 실제 연습 Ground에서 재미로 50번 해 보기

'입'을 원리원칙대로 연습하면 원어민처럼 '입'에서 소리가 된다!

ow / ou

장모음 Phonics 연습 Ground

a. 영어 장모음자　　ow ou

b. 발음기호　　　　au

c. 음가　　　　　　아우

d. 한국어 모음　　　ㅏㅜ

특징 입 모양 /유성음

'아'는 강하게 '우'는 약하게 흐리게 짧게
연속으로 빠르게 발음해 본다.

특징 내용 설명을 이해하고 그림과 같은 음가의 Phonics 연습 '아우' (연습 횟수 재미로 50번)

* 연습할 때 절대 주의

한국어식 '아우' 발음하듯 하면 절대 안 됨. 발음 설명 요령대로!

> '어떻게 how'를 재미로 30번
> 연습 후 본인 발음을 핸드폰
> 앱 '음성녹음'에 녹음해 보기
> — 영어 회화 시작 —

영어 회화 첫걸음 [ow 장모음의 실제 Phonics 감각 (예)]

HOW

영어식　　how　　　(흐+아우)

한국어식　how　　　(하우)

어떻게

how

· 한국어 단어로 꼭 영어단어 소리를 익혀내는 '습관'을 길들여야 영어 회화가 술술술 저절로 된다.

· 한글로 소리를 써서 익히면 안 됨. 다만, 이해를 돕기 위해서 '예'로 썼음.

· ow 장모음 발음 실제 연습 Ground에서 재미로 50번 해 보기

연습하면 원어민 발음은 이루어진다!

a. 영어 장모음자   oi oy

b. 발음기호   ɔi

c. 음가   오이

d. 한국어 모음   ㅚ

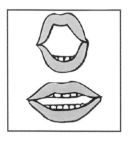

특징 입 모양 /유성음

'오'는 강하게 '이'는 약하게 흐리게 짧게
연속으로 빠르게 발음해 본다.

특징 내용 설명을 이해하고 그림과 같은 음가의 Phonics 연습 '오이' (연습 횟수 재미로 50번)

* 연습할 때 절대 주의

한국어식 '오이' 발음하듯 하면 절대 안 됨. 발음 설명 요령대로!

'동전 coin'을 재미로 30번 연습
후 본인 발음을 핸드폰 앱 '음성
녹음'에 녹음해 보기

— 영어 회화 시작 —

영어 회화 첫걸음 [oi 장모음의 실제 Phonics 감각 (예)]

영어식   coin   (크+오이+느)

한국어식   coin   (코인)

동전

coin

· 한국어 단어로 **꼭** 영어단어 소리를 익혀내는 '습관'을 길들여야 영어 회화가 술술술 저절로 된다.

· 한글로 소리를 써서 익히면 안 됨. 다만, 이해를 돕기 위해서 '예'로 썼음.

· oi 장모음 발음 실제 연습 Ground에서 재미로 50번 해 보기

'입'을 원리원칙대로 연습하면 원어민처럼 '입'에서 소리가 된다!

11 *air/ar/er/eir*

장모음 Phonics 연습 Ground

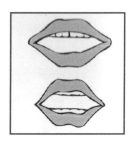

a. 영어 장모음자   air ar er eir

b. 발음기호   ɛɚ

c. 음가   에어

d. 한국어 모음   ㅔ ㅓ

특징 입 모양 /유성음

'ɛ 에'는 강하게 'ɚ 어'는 약하게 흐리게 짧게 연속으로 빠르게 발음하면서 동시에 혀끝을 입천장에 닿지 않게 구부리고 성대를 울리면서 'ɛɚ 에어'유성음으로 연습해 본다.

특징 내용 설명을 이해하고 그림과 같은 음가의 Phonics 연습 '에어' (연습 횟수 재미로 50번)

* 연습할 때 절대 주의

한국어식 '에어' 발음하듯 하면 절대 안 됨. 발음 설명 요령대로!

> '머리카락 hair'을 재미로 30번 연습 후 본인 발음을 핸드폰 앱 '음성녹음'에 녹음해 보기
> – 영어 회화 시작 –

영어 회화 첫걸음 [air 장모음의 실제 Phonics 감각 (예)]

영어식	hair	(흐+에이ㅣ르)
한국어식	hair	(헤어)

머리카락
hair

· 한국어 단어로 꼭 영어단어 소리를 익혀내는 '습관'을 길들여야 영어 회화가 술술술 저절로 된다.
· 한글로 소리를 써서 익히면 안 됨. 다만, 이해를 돕기 위해서 '예'로 썼음.
· air 장모음 발음 실제 연습 Ground에서 재미로 50번 해 보기

연습하면 원어민 발음은 이루어진다!

Please train your English conversation

for yourself everyday happily.

*류기오式 영어회화 징검다리 話法화법으로 영어회화(말) 연습하기

영어 원어민 발음 해결하기

Chapter 8

반모음 音價음가
Phonics別별 연습 Ground

01 **W w**

a. 영어 반모음자   W w

b. 발음기호   w

c. 음가   우

d. 한국어 반모음   없음

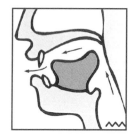

특징 입 모양 / 혀 위치 / 유성음

앞의 단모음 [u]보다 입술을 더 둥글게 하여 내밀고 혀의 뒷부분을 높이 올리면서 성대를 울리어 'w 우'발음을 해본다. [w]는 항상 다른 모음과 함께 '와', '워', '위'로 발음해 본다.

특징 내용 설명을 이해하고 그림과 같은 음가의 Phonics 연습 '우' (연습 횟수 재미로 50번)

* 연습할 때 절대 주의

한국어식 '우' 발음하듯 하면 절대 안 됨. 발음 설명 요령대로!

> '창문 window'을 재미로 30번 연습 후 본인 발음을 핸드폰 앱 '음성녹음'에 녹음해 보기
> – 영어 회화 시작 –

영어 회화 첫걸음 [W w 반모음의 실제 Phonics 감각 (예)]

영어식   window   (우ㅣ이ㅣㄴ느+드+우우)

한국어식   window   (윈도우)

창문
window

· 한국어 단어로 꼭 영어단어 소리를 익혀내는 '습관'을 길들여야 영어 회화가 술술술 저절로 된다.

· 한글로 소리를 써서 익히면 안 됨. 다만, 이해를 돕기 위해서 '예'로 썼음.

· w 반모음 발음 실제 연습 Ground에서 재미로 50번 해 보기

영어 발음 연습을 재미있게!

02   Y y   반모음 Phonics 연습 Ground

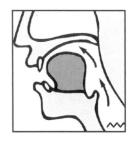

a. 영어 반모음자   Y y
b. 발음기호   j
c. 음가   이
d. 한국어 반모음   없음

특징 입 모양 / 혀 위치 / 유성음

입술을 좌우로 넓게 벌리고 혀의 중간 부분을 입천장 가까이 올려 그 사이로 발음한다. [j 이]의 발음 기호는 항상 다른 모음 앞에 있으며 '야', '여', '유'로 발음해 본다.

특징 내용 설명을 이해하고 그림과 같은 음가의 Phonics 연습 '이' (연습 횟수 재미로 50번)

* 연습할 때 절대 주의

한국어식 '이' 발음하듯 하면 절대 안 됨. 발음 설명 요령대로!

'요요 yo-yo'를 재미로 30번 연습 후 본인 발음을 핸드폰 앱 '음성녹음'에 녹음해 보기
– 영어 회화 시작 –

영어 회화 첫걸음 [Y y 반모음의 실제 Phonics 감각 (예)]

영어식   yo-yo   (요우요우)

한국어식   yo-yo   (요요)

요요
yo-yo

· 한국어 단어로 꼭 영어단어 소리를 익혀내는 '습관'을 길들여야 영어 회화가 술술술 저절로 된다.
· 한글로 소리를 써서 익히면 안 됨. 다만, 이해를 돕기 위해서 '예'로 썼음.
· y 반모음 발음 실제 연습 Ground에서 재미로 50번 해 보기

'입'을 원리원칙대로 연습하면 원어민처럼 '입'에서 소리가 된다!

영어 회화력 키우기

Chapter 1

영어회화를
마음·생각대로 하려면

*영어회화 표현감은 생각이나 느낌의 단어들을 류기오式 영어회화 징검다리 화법

(PART2 Chapter 2에 설명)으로

"단어 생각, 징검"을 느끼면서

하고자 하는 말을 해가는 것을 말한다.

[영어회화 표현감을 수도 없이 반복하지 않으면 영어회화 고민을 깰 수 없다.]

*이 세상에서 사람들이 살아 있는 동안 보고 느끼고 생각나는 소리,

하고자 하는 말소리가 각 지역과 나라마다 다르다.

○ 즉 느낌과 생각은 같으나 한국어식 단어 소리 달인은 원래 한국 사람이고,

영어식 단어 소리 달인은 영어 원어민이다.

따라서 영어회화를 배우고자 하는 사람은 영어식 단어 소리 달인이 되어야

영어회화가 술술 저절로 된다는 것이다.

흔히 배운 영어문법을 떠올리면 영어회화 고민해결 안 된다.

영어 원어민이 사용하는 '영어식 단어 소리'를 달달달 해야 영어 원어민처럼 달인이 된다.

*세계 모든 사람들은 스스로 의견, 생각, 느낌을 논리적으로

체계적으로 전달하는 데에 있어서 두 style이 있다.

그중 하나로 평생 상대방에게 의사전달하고, 표현하고, 말하면서 살아간다.

첫 번째 style은 귀납적 표현사고방식(표현문화)

말하는 사람인 주인공(주체, 주어)을 생략하거나 간혹 주인공(주체, 주어)을 표현하면서 의사 전달하는 내용, 상황 등을 구체적으로 설명해가면서 주인공(주체, 주어)의 동작말이나 작용말 끝말(〜다)이나 지정말(〜이다) 가운데 하나 말(동사)를 선택해서 의사전달을 끝내는 style을 귀납적 표현사고방식(표현문화)이라고 말한다.

　　예: 한국어식

　　〈 주 어 ＋ ＋ ＋ ＋ ＋ ＋ ＋ ＋ ＋ ＋ 동 사 〉
　　　　　　　　구체적인 의사전달(내용, 상황 등 설명)

둘째 style은 연역적 표현사고방식(표현문화)

말하는 사람인 주인공(주체, 주어)을 90% 이상 생략하지 않고 (주어)를 표현하면서 동시에 말하는 사람인 주인공(주체, 주어)의 동작말이나 작용말 끝말(〜다)이나 지정말(〜이다), '동사들' 중 하나를 선택해 '주어+동사'로 해서 구체적으로 자세히 의사 전달(내용, 상황 등)하는 style을 연역적 표현사고방식(표현문화)이라고 말한다.

　　예: 영어식

　　〈 주 어 ＋ 동 사 ＋ ＋ ＋ ＋ ＋ ＋ ＋ ＋ ＋ ＋ 〉
　　　　　　　　구체적인 의사전달(내용, 상황 등 설명)

*절대 참고 사항

1. 영어 원어민이 사용하는 단어 소리를 '입'으로 감각적으로(달달달) 할 정도가 90% 이상이면 미국 생활 지장 없음.

〈영어회화 공부하려면 영어단어 소리를 기초로 닦아야 한다.〉

2. 영어표현 사고방식(표현문화)의 기본을 이해하고 인식해서 서서히 의사전달이 논리적, 구체적으로 진행되는 감각을 터득해야 한다.

〈대한민국 국민들 중 영어회화 공부를 하려고 하면 대부분 사람들이 영어 문법과 어순에 초점을 맞춰 영어회화 공부를 하려니, 영어 문법과 어순을 떠올리면서 버벅버벅 그리고 짜증 영어회화 공부할 수 없어 포기가 대부분.〉

*영어회화를 능통하려면

1. 영어단어 소리를 일정 기간(6개월~1년 이상) '입'으로 하루도 빠지지 않고,

연습해서 달달달 해야 한다.

2. 영어단어 소리를 달달달 공부한 학습자는

영어의 표현사고방식(표현문화)을 이해하고

인식하는 데 일정 기간(6개월~1년 이상)정도 지나면 영어회화 달인이 될 수 있다.

〈영어 문법과 어순은 절대 떠올리지 말고 '표현할 때 이렇게 쓰네?' 하고 이해해야 한다.〉

*영어회화를 잘 해내려면

영어단어 소리를 달달달 하여 영어회화의 기초가 되어있어야 함은 물론이고

영어표현 문화를 이해하고, 영어표현 사고방식 대로 표현하는 습관이

자연스럽게 체질화되어 재미가 있어야 한다는 것이다.

*류삿갓의 구체적인 영어회화 성공비법

1. 일정 기간(6개월~1년 이상) 매일 '입'으로
영어 단어 소리와 영어 표현사고방식(표현문화가)이 익숙할때까지 달달달 연습해야 한다.
[현실은 10번 정도 '입'으로 하고 '눈'으로 하고 있으니 영어회화가 해결됩니까?]

2. 꼭 한국어 단어 소리를 "영어 단어 소리"로 연습해야
영어회화가 저절로 달달달 연습 재미로 100번 이상
(예. 선생님 teacher, 학교 school, 운동장 playground)

[현실은 영어단어로 한국어 단어 공부하고 있습니다.]
[예. teacher 선생님, school 학교, playground 운동장 등을
학생들이 학교에서 배우는 모든 영어단어를 한국어 단어로 뜻을 파악해
공부하고 있습니다.]
[영어회화 되는 길에 담만 쌓고 영어회화가 되겠습니까?]

3. 중1 교과서 1,000개 영어단어 소리를
재미로 100번 이상 '입'으로 달달달 연습해야 한다.
[이 정도면 미국에서 생활할 수 있습니다.
사람이 하루 사용하는 단어는 평균 150~200개 범위]

4. 이 세상에서 인간의 언어 습득 과정의 첫 번째가
그 나라에서 사용되는 단어 소리를 '입'으로 표현하면
회화의 시작이 된다.
[고민하고 있는 영어회화도 이와 같이 해야 합니다.]

5. 영어 문장으로 회화를 연습할 때 영어 문법과 어순을 따지지도 말고,
묻지도 말고 영어 문장 자체 그대로 표현되는 느낌인 표현사고방식(표현문화)을
이해하면서 (한국어 문장과 비교) 연습을 해야 영어회화가 가능해진다.
[즉, 영어 표현 사고방식대로 이해하는 연습을 해야 합니다.]

6. 첫째도 둘째도 영어회화의 첫걸음은

영어단어 소리를 '입'으로 달달달 연습하면

그 바라던 '영어회화'를 성공시킬 수 있다.

[이유는 원어민과 영어회화 공부도 잘 해낼 수 있으며,

말하기 듣기가 술술술 잘 됩니다.

물론 한국인 영어회화 강사와도 저절로 재미있게 해낼 수 있습니다.]

7. 영어회화를 할 때 표현하는 단어마다

'21세기 세계 최초, 대한민국 최초'

류기오式 영어회화 징검다리 화법으로

'단어 생각, 징검'을 느끼면서 표현(말)해간다.

단어 생각, 징검

• • • •

I / LIKE / YOU

[모든 문장을 무조건 외우려 하면 절대로 안 됩니다. 한국어 외워서 했나요?]

8. 어린이가 읽는 "동화책(영어회화의 기초, 정말!)"을

『류기오式 영어회화 징검다리 話法화법 (PART2 Chapter2에 자세히 설명)』으로

영어 말을 연습하면

A. 영어회화가 술술 B. 영어회화 고민 끝

*동화책 1권당 500번이상, 2권으로 1000번 정도 "영어회화 기초공사" 완성

9. Off-line 학습이나 On-line 학습은 자기주도학습으로 해내야 한다.

자기주도학습 능력만이 공부의 길이다.

사교육 없이 자기주도학습으로만 스스로 공부하는 능력을 길러내자.

영어 회화력 키우기

Chapter 2

'21세기 세계 최초, 대한민국 최초'

류기오式 영어회화
징검다리 話法 화법

(Stepping-stone Thinking)

1. 류기오式 영어회화 징검다리 話法 화법
(Stepping – stone Thinking)이란?

영어회화를 할 때 표현하는 단어마다 독립적으로 '단어 생각 징검'을 느끼면서

징검(단어마다 표현 전달 완성의 의미)징검 하며 징검다리 건너가듯 하면서

영어 회화력을 길러 내는 話法 화법을 말한다.

[※원어민(바이든 대통령)이 영어를 표현하는 것을 보면 류기오式 영어회화 징검다리 話法 화법을 느낄

수 있다.]

*따라서 영어회화 표현력(구사력)은 류기오式 영어회화 징검다리 화법

(Stepping – stone Thinking)이라는 것이다.

*징검다리란? – 개천에 돌덩이를 드문드문 띄어놓은 다리

2. 영어회화 달인이 되기 위한 참고사항

*일정 기간(6개월~1년 이상) 표현하고자 하는 단어를 독립적으로 '단어 생각, 징검'하며 감각이 충분히 익혀져야 영어회화가 술술 된다

*영어회화 표현 사고방식(표현 문화가)이 징검다리의 돌덩이(표현 단어)를 밟고 밟고 밟고… 건너간다는 느낌이다. (영어회화가 이런 감각으로 표현된다는 것)

*꼭 영어 표현 단어(돌덩이)를 '단어 생각, 징검'을 느끼면서(밟고 밟고 밟고의 의미) 표현해 가야만이 영어 회화력의 기초 공사가 된다.

*세상의 모든 나라 사람들은 '표현하고자 하는 생각과 느낌은 같다'. 그러나 '표현하는 소리'가 다르다.

*즉 한국어 단어 소리를 영어단어 소리로 완전히 '입'에서 감각적으로 나올 때 영어회화가 술술 된다.

*영어회화 표현에 있어서

 표현하고자 하는 단어마다 독립적으로 '단어 생각, 징검' 감각을 꼭 길러내야

 학습자의 영어회화가 성공할 수 있다.

*두뇌의 기능이나 눈의 감각 등으로 인간의 의사 표현 발달이 불가능하다. 일시적 효과는 보일지 몰라도 영구적 영어회화력은 발휘가 안 된다. 〈한국어 익히는 데는 오직 '입'이었다. 즉 두뇌의 기능 눈 감각은 이차적 수단이다.〉

3. 언어 표현의 본질

이 세상 사람들은 개인의 감정, 사상, 생각, 의사, 느낌을 나름 표현 사고방식과 표현문화에 따라 논리적으로 전개하여 상대방에게 의사 전달을 한다. 따라서 사람들의 표현 사고방식(표현문화가) 이 두 종류로 나누어져 있다.

○ 첫째: 말하는 사람을 주인공 혹은 주체(주어)가 전하고자 하는 내용(상황, 일어난 일들 등)을 계속 전달하다 그 내용에 대한 결어(끝맺는 말) 흔히 말하는 동사[동작말, 작용말 끝말(~다), 지정말(~이다.)]로 의사 전달을 끝낸다. (예. 한국어식)

○ 둘째: 말하는 사람을 주인공 혹은 주체(주어)가 습관적으로 주체(주어) 다음 결어[동작말, 작용말 끝말(~다), 지정말(~이다.)]로 (흔히 말하는 주어+동사)로 말을 하고 구체적인 내용(상황, 일어난 일들 등)을 계속 전달하다 끝내고 싶을 때 끝낸다. (예. 영어식)

*이 세상 사람들은 이 style 중의 하나로 표현 사고방식(표현문화가)이 생활화 습관화되어있다.

4. 영어회화 달인이 되기 위해
류기오式 영어회화 징검다리 話法 화법으로 연습하기

〈주의사항〉

① 영어 문법적인 교육 내용을 떠올리면 안 된다.

　한국어를 우리가 표현할 때 국문법으로 따져서 한국어 표현 능력을 기르지 않았다.

② 한국어로 해석, 무슨 말 절대로 신경 쓰지 말아야 한다.

〈지켜야 할 사항〉

① 영어의 문법적인 교육 내용을 영어 표현 문화로 이해하면 좋다.

② 한국식 표현 방식과 영어식 표현 방식을 비교해 다른 점을 이해해야 한다.

③ 첫째도 둘째도 영어식 표현 사고방식, 즉 표현문화를 이해하면서

　류기오式 영어회화 징검다리 話法 화법으로 연습한다.

④ 반드시 일정 기간(6개월~1년 이상) 하루도 빠지지 말고 '입'으로 연습하면 영어회화 달인 소원 성취한다.

　〈뜨문뜨문 영어회화 공부하고 '영어회화는 나하고 안 맞아.' 하면서 포기하지 마세요.〉

꼭 100번 이상 연습, 영어회화 달인이 된다.

key point
〈한국어식〉 주체(주어) 내용 설명 결어(동사)

주어┼┼┼┼┼┼┼┼┼┼┼┼┼┼┼┼┼┼┼┼┼┼┼┼┼┼┼┼┼┼동사
　　　　　구체적인 의사전달(내용, 상황 등 설명)

〈영어식〉 주체(주어)+결어(동사) 내용 설명

주어+동사┼┼┼┼┼┼┼┼┼┼┼┼┼┼┼┼┼┼┼┼┼┼┼┼┼┼┼┼
　　　　　　　구체적인 의사전달(내용, 상황 등 설명)

따라서 〈영어식〉에서는 류기오式 영어회화 징검다리 화법으로 '주어+동사'를 기본적으로 익숙해야
하고 습관화가 되면 '주어+동사'에 따라 자연히 내용 설명하는 영어회화 표현 정신이 깃들어진다.

* "단어 생각, 징검" 표현 감각이 많이 읽혀질 수록 영어 말하기(회화) 달인이 된다.

①

〈한국어식은 단어 단어를 조사로 이어가는 표현감〉

〈한국어식〉

나는 그녀가 그 문제를 푸는 것이 어렵다고 생각했다.

◆ 〈영어식〉은 표현하는 단어마다 독립적으로 '단어 생각, 징검'으로 습관화된 것은

마침 징검다리 건너가는 표현감

*따라서 한국어식과 영어식 표현감이 전혀 다름.

*〈영어식〉에서 "주어+동사" 표현 사고만 익숙하고 꼭 습관화되면 (절대적인 것)

자연히 구체적으로 내용을 표현하게 된다.

*꼭 '류기오式 영어회화 징검다리 화법'으로 연습하기. 100번 이상

〈류기오式 영어회화 징검다리 화법 시작〉

　　　　　단어 생각, 징검

〈영어식〉 ·　　·　　·　　　·　　　·　　　·　　　·

나는 / 생각했다 / 그것이 / 어려운 / 그녀가 / 푸는 것이 / 그 문제를.

I / thought / it / difficult / for her / to solve / the problem.

〈핸드폰 음성녹음 앱에 녹음하세요.〉

②

*동사의 과거 표시 범위는 오랜 과거는① 방금 과거는②

〈이런 표현문화 이해 필요, 외우지 말 것〉

〈한국어식〉

전화가 울렸을 때② 나는 이미 아침 식사를 마쳤었다①

*꼭 '류기오式 영어회화 징검다리 화법'으로 연습하기. 100번 이상

〈류기오式 영어회화 징검다리 화법 시작〉

　　　　　　　단어 생각, 징검

〈영어식〉 ·　　·　　·　　　·　　　·　　　·　　　·

나는 / 했다 / 이미 / 마쳤다① / 나의 / 아침식사 / 때(언제) / 전화가　　　 / 울렸다②

I / had / already / finished / my / breakfast / when / the telephone / rang.

〈핸드폰 음성녹음 앱에 녹음하세요.〉

③

*한국어식은 '주어' 생략, 영어식은 '주어' 생략 안 함. 〈이런 표현문화 이해 필요, 외우지 말 것〉

〈한국어식〉

발을 밟아서 정말 죄송합니다.

*꼭 '류기오式 영어회화 징검다리 화법'으로 연습하기. 100번 이상

영어식에서는 동사가 있는 대로 주어가 있음. 〈이런 표현문화 이해 필요, 외우지 말 것〉

*항상 한국어식과 영어식 비교하면서

〈류기오式 영어회화 징검다리 화법 시작〉

〈영어식〉 단어 생각, 징검

나는 입니다 / 정말 / 죄송한 마음 / 내가 / 밟았다 / 발을.

I'm   / terribly / s o r r y / I / stepped / on your toes.

〈핸드폰 음성녹음 앱에 녹음하세요.〉

④

〈한국어식〉

부럽습니다. 저도 하나 살까 봐요.

*꼭 '류기오式 영어회화 징검다리 화법'으로 연습하기. 100번 이상

〈류기오式 영어회화 징검다리 화법 시작〉

〈영어식〉 단어 생각, 싱킹

나는입니다/ 부러운 / 나는 / ~할까 / 사다 / 한 벌 / ~도

I'm   / envious / I / might / buy / a pair / too.

〈핸드폰 음성녹음 앱에 녹음하세요.〉

⑤

〈한국어식〉

자신의 학력을 말씀해 주시죠.

*꼭 '류기오式 영어회화 징검다리 화법'으로 연습하기. 100번 이상

〈류기오式 영어회화 징검다리 화법 시작〉

〈영어식〉 ^{단어 생각, 징검}

말하세요 / 나에게 / 대해서 / 너의 / 교육적 / 배경.

Tell / me / about / your / educational / background.

〈핸드폰 음성녹음 앱에 녹음하세요.〉

⑥

〈한국어식〉

함께 힘을 합쳐서 일을 빨리 끝내도록 합시다.

*꼭 '류기오式 영어회화 징검다리 화법'으로 연습하기. 100번 이상

〈류기오式 영어회화 징검다리 화법 시작〉

〈영어식〉 ^{단어 생각, 징검}

합시다(하자) / 결합하다 / 힘을 / 끝내다 / 일을 / 했다 / 빨리.

Let's / join / forces / to get / the work / done / quickly.

〈핸드폰 음성녹음 앱에 녹음하세요.〉

⑦
〈한국어식〉

자매 사이가 아주 가까워 보여요.

*꼭 '류기오式 영어회화 징검다리 화법'으로 연습하기. 100번 이상
〈류기오式 영어회화 징검다리 화법 시작〉
〈영어식〉　　　　단어 생각, 징검

너　／ 그리고 ／ 너의 여동생(언니) ／ 보이다 ／ 아주 ／ 가까운
You / and / your sister / seem / very / close.
〈핸드폰 음성녹음 앱에 녹음하세요.〉

⑧
〈한국어식〉

이 프로젝트를 제시간에 끝내기가 어려울 것 같습니다.

*꼭 '류기오式 영어회화 징검다리 화법'으로 연습하기. 100번 이상
〈류기오式 영어회화 징검다리 화법 시작〉
〈영어식〉　　　　단어 생각, 징검

나는 ／ 생각 안 한다 ／ 나는 할 것이다 ／ 할 수 있다 ／ 완성하다 ／ 이 ／ 프로젝트 ／ 제시간에.
I / don't think / I'll 　　　 / be able to / complete / this / project / on time.
〈핸드폰 음성녹음 앱에 녹음하세요.〉

⑨

〈한국어식〉

그게 그 문제에 대한 최선의 해결책일까요?

*꼭 '류기오式 영어회화 징검다리 화법'으로 연습하기. 100번 이상

〈류기오式 영어회화 징검다리 화법 시작〉

〈영어식〉　단어 생각, 징검

하니 / 너는 / 생각하다 / 그것이다 / 최선의　/ 해결책 / 대해 / 그 문제 ?

Do / you / think / that's / the best / solution / to　/ the problem ?

〈핸드폰 음성녹음 앱에 녹음하세요.〉

⑩

〈한국어식〉

그 여자분 얘기 믿으세요?

*꼭 '류기오式 영어회화 징검다리 화법'으로 연습하기. 100번 이상

〈류기오式 영어회화 징검다리 화법 시작〉

〈영어식〉　단어 생각, 징검

하니 / 너는 / 믿다　/ 그 여자의 / 얘기?

Do / you / believe / her / story ?

〈핸드폰 음성녹음 앱에 녹음하세요.〉

'21세기 세계 최초, 대한민국 최초'

류기오式 영어회화 징검다리 話法화법으로 영어 표현문화(영어회화)의 기초인 동화책을

연습하여(달달하여) 영어회화 달인이 됩시다.

◆ 동화책 1권으로 영어 말 연습 500번 이상(2권 정도)

'21세기 세계 최초, 대한민국 최초'

류기오式 영어회화
징검다리 듣기

(Stepping-stone Understanding)

1. 류기오式 영어회화 징검다리 듣기(Stepping-stone Understanding)란?

영어회화가 진행될 때나 원어민이 말을 할 때 표현되는 단어마다 '소리를 독립적으로
이해하기'를 하면서 징검(단어마다 소리 이해 완성의 의미)징검 하며
징검다리 건너가 듯하면서 영어회화의 소리 이해 능력을 길러 내는 듣기를 말한다.

*따라서 영어회화 청취력은 류기오式 영어회화
 징검다리 듣기(Stepping-stone Understanding)라는 것이다.
*듣기의 기본 – 표현되는 단어의 소리를 각각 독립적으로 이해해 가는 것이다.
*징검다리란? – 개천에 돌덩이를 드문드문 띄어놓은 다리

2. 영어회화 듣기 달인이 되기 위한 참고사항

*영어회화의 소리를 들을 때 '무슨 말이야? 무슨 뜻이야?' 사전에 생각하지도 말고, 또 궁금해하지도 말고 '표현된 단어(어휘, 낱말)의 소리를 독립적으로 이해하기와 익히기'를 하면 나중에 저절로 '무슨 뜻, 무슨 말'이 들린다. 즉 청취 감각력이 키워지면 청취 능력과 영어 표현하는 능력이 자유로워지고 영어회화 청취력 고민 완전히 해결된다. (교육받는 영어문법과 해석 아무 상관없음)

*'류기오式 영어회화 징검다리 듣기' 연습할 때 동시에 방송에서 원어민 영어 소리를 관심 있게 듣거나 요즈음 핸드폰 영어회화 앱으로 직접 재미로 듣기를 습관적으로 매일매일 하면 엄청난 듣기 효과를 본다.

*팝송(Pop Song) 한 곡을 완전히 소리 이해가 될 때까지 집중적으로 듣기 연습하면 듣기 효과를 본다. (10곡 이상)

*본인이 지금 영어회화 공부하는 book에 듣기 앱이나 CD가 있으면 소리 이해될 때까지 공부를 하여 듣기 효과를 본다. (한두 번 하면 안 되고, 10번 이상)

*첫째도, 둘째도 영어회화 '류기오式 영어회화 징검다리 듣기' 연습을 일정 기간 (6개월~1년 이상) 해야 영어회화 청취력이 향상된다.

*따 따 따 딱 저절로 영어 소리가 이해가 되면서 익혀지게 된다.

3. 영어회화 듣기 달인이 되기 위해
'류기오式 영어회화 징검다리 듣기' 연습하기

*①~⑩ 영어 문장들을 본인 음성으로 녹음한 '앱'으로 '류기오式 영어회화 징검다리 듣기' 연습을 하세요.

*청취력을 향상시키는 데는 본인 음성으로 단어의 소리 듣기 연습하는 것이 더 효과가 있다. 상대방이 표현하는 영어단어(어휘, 낱말) 소리를 빨리빨리 즉시즉시 이해하기 위해서는 본인 스스로 이미 표현하고 있는 단어소리를 다루어 본 경험이 많을수록 듣기 능력, 즉 청취력이 더욱 좋아진다.

*'류기오式 영어회화 징검다리 듣기' 연습을 할 때 동시에 방송에서 원어민 영어 소리를 관심 있게 듣거나 요즈음 핸드폰 앱으로 직접 재미로 듣기를 습관적으로 매일매일 하면 엄청난 듣기 효과를 본다.

*지금부터는 본인 스스로 직접 핸드폰 앱에 ①~⑩ 영어 문장들을 음성녹음한 것으로 (Chapter 2에 있음) '류기오式 영어회화 징검다리 듣기' 연습 시작 (30~50번 이상)

(①~⑩ 영어 문장들은 'Chapter 2. 류기오式 영어회화 징검나리 회법' 연습에 나온 문장들 참고하세요.)

나는 / 생각했다 / 그것이 / 어려운 / 그녀가 / 푸는 것이 / 그 문제를.

① I / thought / it / difficult / for her / to solve / the problem.

나는 / 했다 / 이미 / 마쳤다① / 나의 / 아침식사 / 때(언제) / 전화가   / 울렸다②

② I / had / already / finished / my / breakfast / when / the telephone / rang.

나는 입니다 / 정말 / 죄송한 마음 / 내가 / 밟았다 / 발을.

③ I'm   / terribly / sorry / I / stepped / on your toes.

나는입니다 / 부러운 / 나는 / ~할까 / 사다 / 한 벌 / ~도

④ I'm   / envious / I / might / buy / a pair / too.

말하세요 / 나에게 / 대해서 / 너의 / 교육적   / 배경.

⑤ Tell   / me / about / your / educational / background.

단어 이해, 징검

합시다(하자) / 결합하다 / 힘을 / 끝내다 / 일을 / 했다 / 빨리.

⑥ Let's / join / forces / to get / the work / done / quickly.

단어 이해, 징검

너 / 그리고 / 너의 여동생(언니) / 보이다 / 아주 / 가까운

⑦ You / and / your sister / seem / very / close.

단어 이해, 징검

나는 / 생각 안 한다 / 나는 할 것이다 / 할 수 있다 / 완성하다 / 이 / 프로젝트 / 제시간에.

⑧ I / don't think / I'll / be able to / complate / this / project / on time.

단어 이해, 징검

하니 / 너는 / 생각하다 / 그것이다 / 최선의 / 해결책 / 대해 / 그 문제 ?

⑨ Do / you / think / that's / the best / solution / to / the problem ?

단어 이해, 징검

하니 / 너는 / 믿다 / 그 여자의 / 얘기?

⑩ Do / you / believe / her / story ?

Please train your English conversation

for yourself everyday happily.

*류기오式 영어회화 징검다리 話法화법으로 영어회화(말) 연습하기

영어 회화력 키우기

Chapter 4

자음 Phonics
실제 연습 Ground

Tip. 이것만 기억해요!

발음 실제 연습 Ground를 하기 전에 충분히, 완전하게 영어 Phonics연습을
재미로 50번 정도를 하지 않은 학습자는 발음 실제 연습 Ground를 하면 안
됩니다. 원어민 Phonics가 만들어지지 않습니다.

*다음 페이지를 꼭 읽고 발음을 실제로 연습 합시다.

류기오式 영어 단어 표현 연습 복식 방법

'연습 목표 횟수'를 정하면 항상 처음 시작하는 단어부터 단어 소리를 시작해 목표 횟수를 재미있게 <u>채워 내려가면서</u> 영어 단어 표현 감각을 익혀내는 방법이며 또한 영어 회화의 기초를 만들어 내는 방법입니다.

안마당	이기다	끓이다	10센트 은화	아버지
yard	win	boil	dime	father
5	5	5	5	5

예

* 단어 한개씩 목표 횟수를 채우는 영어 단어 소리 연습은 효과가 아주 적습니다!
  (재미없음, 피곤, 짜증)

* 채워 내려가면서의 의미 (각 단어마다 목표 5회 횟수 연습 복식 방법)

연습 복식 방법 순서

	안마당	이기다	끓이다	10센트 은화	아버지
	yard	win	boil	dime	father
	1				
	2	1			
	3	2	1		
	4	3	2	1	
	5	4	3	2	1
		5	4	3	2
			5	4	3
				5	4
					5

연습 복식 방법 순서

* 이 복식 방법대로 해야 **"영어 단어 표현 감각이 익혀져 영어 회화가 술술"**

Phonics 실제 연습 요령

여기 나온 단어들은 앞서 연습한 음가를 모아서 내는 소리이므로 익힌 대로 원칙대로 한다.

> *** 발음 실제 연습할 때 절대 주의**
>
> 한국어 자·모음 결합하듯 발음하면 절대 안 된다. 왜냐하면 원어민 실제 발음 감각이 없어진다.

Phonics별 음가대로 연습해야 하며, 혹시나 글자로 써서 소리를 익히면 안 됨. 소리는 소리대로 익히는 것이 원칙.

영어 회화 첫걸음 [G g 자음의 단어 모음]

· 한국어 단어로 꼭 영어단어 소리를 익혀내는 '습관'을 길들여야 영어 회화가 술술술 저절로 된다.

* 표시는 한국어 표기 외래어. 원어민 소리가 아님.

> 124page
> 류기오式 영어 단어 표현 연습 복식 방법을 이용하여, 재미로 50번 연습 후 미국사람에게 영어를 말하듯 본인 음성을 녹음해내자!

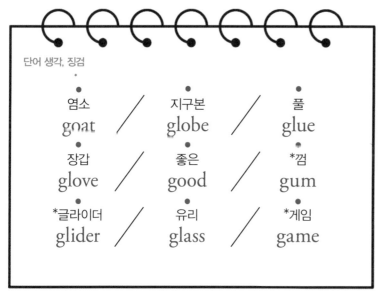

단어 생각, 징검

염소 goat	지구본 globe	풀 glue
장갑 glove	좋은 good	*껌 gum
*글라이더 glider	유리 glass	*게임 game

연습하면 원어민 발음은 이루어진다!

Phonics 실제 연습 요령

여기 나온 단어들은 앞서 연습한 음가를 모아서 내는 소리이므로 익힌 대로 원칙대로 한다.

＊발음 실제 연습할 때 절대 주의

한국어 자·모음 결합하듯 발음하면 절대 안 된다. 왜냐하면 원어민 실제 발음 감각이 없어진다.

Phonics별 음가대로 연습해야 하며, 혹시나 글자로 써서 소리를 익히면 안 됨. 소리는 소리대로 익히는 것이 원칙.

영어 회화 첫걸음 [N n 자음의 단어 모음]

· 한국어 단어로 꼭 영어단어 소리를 익혀내는 '습관'을 길들여야 영어 회화가 술술술 저절로 된다.

＊ 표시는 한국어 표기 외래어. 원어민 소리가 아님.

124page
류기오式 영어 단어 표현 연습 복식 방법을 이용하여, 재미로 50번 연습 후 미국사람에게 영어를 말하듯 본인 음성을 녹음해내자!

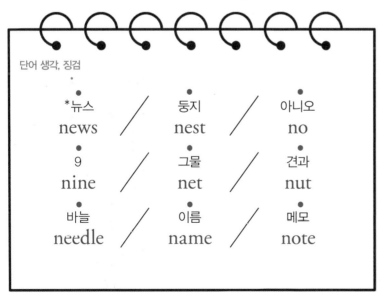

단어 생각, 징검

*뉴스	둥지	아니오
news	nest	no
9	그물	견과
nine	net	nut
바늘	이름	메모
needle	name	note

연습하면 원어민 발음은 이루어진다!

Phonics 실제 연습 요령

여기 나온 단어들은 앞서 연습한 음가를 모아서 내는 소리이므로 익힌 대로 원칙대로 한다.

＊발음 실제 연습할 때 절대 주의

한국어 자 · 모음 결합하듯 발음하면 절대 안 된다. 왜냐하면 원어민 실제 발음 감각이 없어진다.

Phonics별 음가대로 연습해야 하며, 혹시나 글자로 써서 소리를 익히면 안 됨. 소리는 소리대로 익히는 것이 원칙.

영어 회화 첫걸음 [D d 자음의 단어 모음]

· 한국어 단어로 꼭 영어단어 소리를 익혀내는 '습관'을 길들여야 영어 회화가 술술술 저절로 된다.

＊ 표시는 한국어 표기 외래어. 원어민 소리가 아님.

124page
류기오式 영어 단어 표현 연습 복식 방법을 이용하여, 재미로 50번 연습 후 미국사람에게 영어를 말하듯 본인 음성을 녹음해내자!

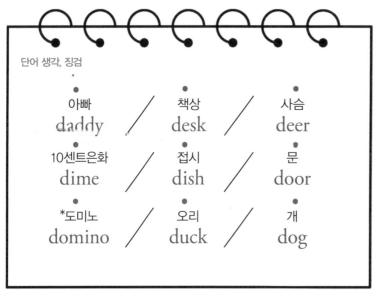

단어 생각, 징검

아빠	책상	사슴
daddy	desk	deer
10센트은화	접시	문
dime	dish	door
＊도미노	오리	개
domino	duck	dog

연습하면 원어민 발음은 이루어진다!

Phonics 실제 연습 요령

여기 나온 단어들은 앞서 연습한 음가를 모아서 내는 소리이므로 익힌 대로 원칙대로 한다.

> *** 발음 실제 연습할 때 절대 주의**
>
> 한국어 자 · 모음 결합하듯 발음하면 절대 안 된다. 왜냐하면 원어민 실제 발음 감각이 없어진다.

Phonics별 음가대로 연습해야 하며, 혹시나 글자로 써서 소리를 익히면 안 됨. 소리는 소리대로 익히는 것이 원칙.

영어 회화 첫걸음 [TH th 자음의 단어 모음]

· 한국어 단어로 꼭 영어단어 소리를 익혀내는 '습관'을 길들여야 영어 회화가 술술술 저절로 된다.

* 표시는 한국어 표기 외래어. 원어민 소리가 아님.

> **124page**
> 류기오式 영어 단어 표현 연습 복식
> 방법을 이용하여, 재미로 50번 연습
> 후 미국사람에게 영어를 말하듯 본인
> 음성을 녹음해내자!

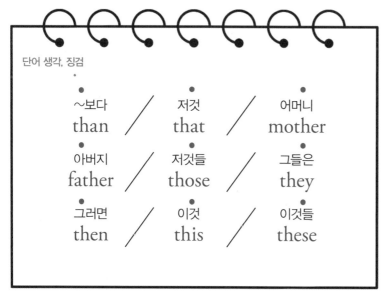

단어 생각, 징검

~보다	저것	어머니
than	that	mother
아버지	저것들	그들은
father	those	they
그러면	이것	이것들
then	this	these

연습하면 원어민 발음은 이루어진다!

05 LI 자음 Phonics 실제 연습 Ground

Phonics 실제 연습 요령

여기 나온 단어들은 앞서 연습한 음가를 모아서 내는 소리이므로 익힌 대로 원칙대로 한다.

> ### * 발음 실제 연습할 때 절대 주의
> 한국어 자 · 모음 결합하듯 발음하면 절대 안 된다. 왜냐하면 원어민 실제 발음 감각이 없어진다.

Phonics별 음가대로 연습해야 하며, 혹시나 글자로 써서 소리를 익히면 안 됨. 소리는 소리대로 익히는 것이 원칙.

영어 회화 첫걸음 [L l 자음의 단어 모음]

· 한국어 단어로 꼭 영어단어 소리를 익혀내는 '습관'을 길들여야 영어 회화가 술술술 저절로 된다.

* 표시는 한국어 표기 외래어. 원어민 소리가 아님.

124page
류기오式 영어 단어 표현 연습 복식 방법을 이용하여, 재미로 50번 연습 후 미국사람에게 영어를 말하듯 본인 음성을 녹음해내자!

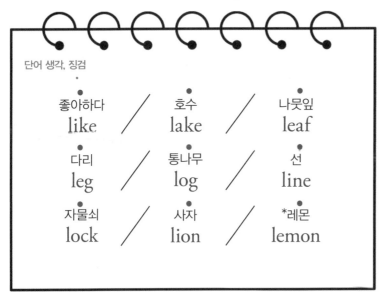

단어 생각, 징검

좋아하다	/	호수	/	나뭇잎
like		lake		leaf
다리	/	통나무	/	선
leg		log		line
자물쇠	/	사자	/	*레몬
lock		lion		lemon

연습하면 원어민 발음은 이루어진다!

Phonics 실제 연습 요령

여기 나온 단어들은 앞서 연습한 음가를 모아서 내는 소리이므로 익힌 대로 원칙대로 한다.

> ***발음 실제 연습할 때 절대 주의**
>
> 한국어 자 · 모음 결합하듯 발음하면 절대 안 된다. 왜냐하면 원어민 실제 발음 감각이 없어진다.

Phonics별 음가대로 연습해야 하며, 혹시나 글자로 써서 소리를 익히면 안 됨. 소리는 소리대로 익히는 것이 원칙.

영어 회화 첫걸음 [R r 자음의 단어 모음]

· 한국어 단어로 꼭 영어단어 소리를 익혀내는 '습관'을 길들여야 영어 회화가 술술술 저절로 된다.

* 표시는 한국어 표기 외래어. 원어민 소리가 아님.

124page
류기오式 영어 단어 표현 연습 복식
방법을 이용하여, 재미로 50번 연습
후 미국사람에게 영어를 말하듯 본인
음성을 녹음해내자!

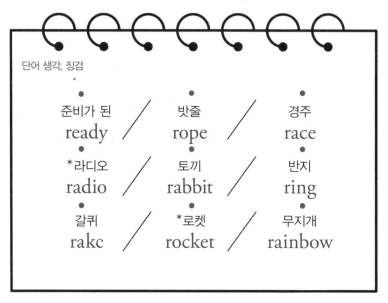

단어 생각, 징검

준비가 된	밧줄	경주
ready	rope	race
*라디오	토끼	반지
radio	rabbit	ring
갈퀴	*로켓	무지개
rakc	rocket	rainbow

연습하면 원어민 발음은 이루어진다!

07　M m　자음 Phonics 실제 연습 Ground

Phonics 실제 연습 요령

여기 나온 단어들은 앞서 연습한 음가를 모아서 내는 소리이므로 익힌 대로 원칙대로 한다.

> **＊발음 실제 연습할 때 절대 주의**
>
> 한국어 자·모음 결합하듯 발음하면 절대 안 된다. 왜냐하면 원어민 실제 발음 감각이 없어진다.

Phonics별 음가대로 연습해야 하며, 혹시나 글자로 써서 소리를 익히면 안 됨. 소리는 소리대로 익히는 것이 원칙.

영어 회화 첫걸음 [M m 자음의 단어 모음]

· 한국어 단어로 꼭 영어단어 소리를 익혀내는 '습관'을 길들여야 영어 회화가 술술술 저절로 된다.

＊ 표시는 한국어 표기 외래어. 원어민 소리가 아님.

> **124page**
> 류기오式 영어 단어 표현 연습 복식
> 방법을 이용하여, 재미로 50번 연습
> 후 미국사람에게 영어를 말하듯 본인
> 음성을 녹음해내자!

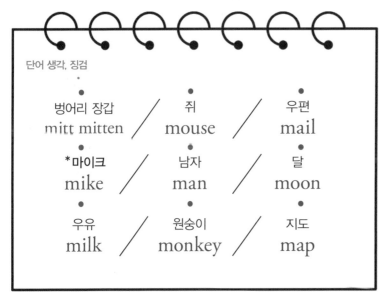

단어 생각, 징검

벙어리 장갑	쥐	우편
mitt mitten	mouse	mail
＊마이크	남자	달
mike	man	moon
우유	원숭이	지도
milk	monkey	map

연습하면 원어민 발음은 이루어진다!

B b

자음 Phonics 실제 연습 Ground

Phonics 실제 연습 요령

여기 나온 단어들은 앞서 연습한 음가를 모아서 내는 소리이므로 익힌 대로 원칙대로 한다.

> **＊발음 실제 연습할 때 절대 주의**
>
> 한국어 자·모음 결합하듯 발음하면 절대 안 된다. 왜냐하면 원어민 실제 발음 감각이 없어진다.

Phonics별 음가대로 연습해야 하며, 혹시나 글자로 써서 소리를 익히면 안 됨. 소리는 소리대로 익히는 것이 원칙.

영어 회화 첫걸음 [B b 자음의 단어 모음]

· 한국어 단어로 꼭 영어단어 소리를 익혀내는 '습관'을 길들여야 영어 회화가 술술술 저절로 된다.

＊ 표시는 한국어 표기 외래어. 원어민 소리가 아님.

> **124page**
> 류기오式 영어 단어 표현 연습 복식 방법을 이용하여, 재미로 50번 연습 후 미국사람에게 영어를 말하듯 본인 음성을 녹음해내자!

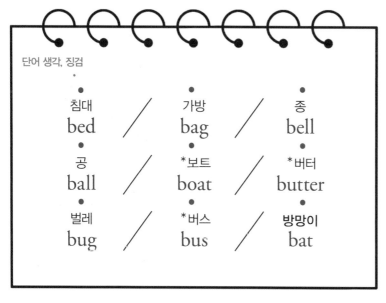

단어 생각, 징검

침대	가방	종
bed	bag	bell
공	＊보트	＊버터
ball	boat	butter
벌레	＊버스	방망이
bug	bus	bat

연습하면 원어민 발음은 이루어진다!

Phonics 실제 연습 요령

여기 나온 단어들은 앞서 연습한 음가를 모아서 내는 소리이므로 익힌 대로 원칙대로 한다.

*발음 실제 연습할 때 절대 주의

한국어 자 · 모음 결합하듯 발음하면 절대 안 된다. 왜냐하면 원어민 실제 발음 감각이 없어진다.

Phonics별 음가대로 연습해야 하며, 혹시나 글자로 써서 소리를 익히면 안 됨. 소리는 소리대로 익히는 것이 원칙.

영어 회화 첫걸음 [V v 자음의 단어 모음]

· 한국어 단어로 꼭 영어단어 소리를 익혀내는 '습관'을 길들여야 영어 회화가 술술술 저절로 된다.

* 표시는 한국어 표기 외래어. 원어민 소리가 아님.

124page
류기오式 영어 단어 표현 연습 복식 방법을 이용하여, 재미로 50번 연습 후 미국사람에게 영어를 말하듯 본인 음성을 녹음해내자!

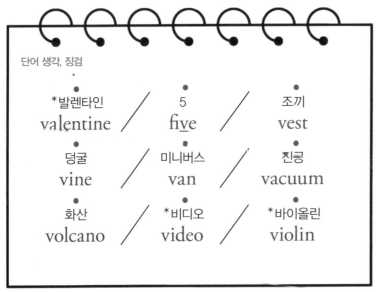

단어 생각, 징검

*발렌타인 / 5 / 조끼
valentine / five / vest

덩굴 / 미니버스 / 진공
vine / van / vacuum

화산 / *비디오 / *바이올린
volcano / video / violin

연습하면 원어민 발음은 이루어진다!

Phonics 실제 연습 요령

여기 나온 단어들은 앞서 연습한 음가를 모아서 내는 소리이므로 익힌 대로 원칙대로 한다.

> **＊발음 실제 연습할 때 절대 주의**
>
> 한국어 자·모음 결합하듯 발음하면 절대 안 된다. 왜냐하면 원어민 실제 발음 감각이 없어진다.

Phonics별 음가대로 연습해야 하며, 혹시나 글자로 써서 소리를 익히면 안 됨. 소리는 소리대로 익히는 것이 원칙.

영어 회화 첫걸음 [S s 자음의 단어 모음]

· 한국어 단어로 꼭 영어단어 소리를 익혀내는 '습관'을 길들여야 영어 회화가 술술술 저절로 된다.

＊ 표시는 한국어 표기 외래어. 원어민 소리가 아님.

124page
류기오式 영어 단어 표현 연습 복식 방법을 이용하여, 재미로 50번 연습 후 미국사람에게 영어를 말하듯 본인 음성을 녹음해내자!

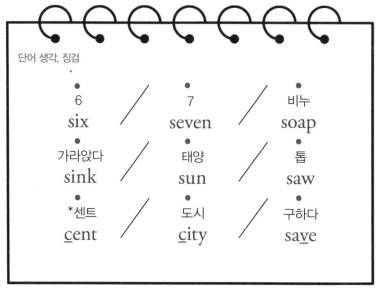

단어 생각, 징검

6	/	7	/	비누
six		seven		soap
가라앉다	/	태양	/	톱
sink		sun		saw
＊센트	/	도시	/	구하다
cent		city		save

연습하면 원어민 발음은 이루어진다!

11   **Z z**   자음 Phonics 실제 연습 Ground

Phonics 실제 연습 요령

여기 나온 단어들은 앞서 연습한 음가를 모아서 내는 소리이므로 익힌 대로 원칙대로 한다.

> *** 발음 실제 연습할 때 절대 주의**
>
> 한국어 자·모음 결합하듯 발음하면 절대 안 된다. 왜냐하면 원어민 실제 발음 감각이 없어진다.

Phonics별 음가대로 연습해야 하며, 혹시나 글자로 써서 소리를 익히면 안 됨. 소리는 소리대로 익히는 것이 원칙.

영어 회화 첫걸음 [Z z 자음의 단어 모음]

· 한국어 단어로 꼭 영어단어 소리를 익혀내는 '습관'을 길들여야 영어 회화가 술술술 저절로 된다.

* 표시는 한국어 표기 외래어. 원어민 소리가 아님.

> **124page**
> 류기오式 영어 단어 표현 연습 복식 방법을 이용하여, 재미로 50번 연습 후 미국사람에게 영어를 말하듯 본인 음성을 녹음해내자!

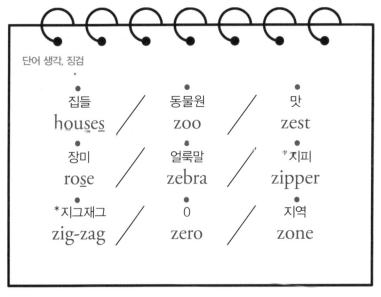

단어 생각, 징검

집들		동물원		맛
hou<u>s</u>e<u>s</u>	/	zoo	/	zest
장미		얼룩말		*지피
ro<u>s</u>e	/	zebra	/	zipper
*지그재그		0		지역
zig-zag	/	zero	/	zone

연습하면 원어민 발음은 이루어진다!

12   *J j*   자음 Phonics 실제 연습 Ground

Phonics 실제 연습 요령

여기 나온 단어들은 앞서 연습한 음가를 모아서 내는 소리이므로 익힌 대로 원칙대로 한다.

> *** 발음 실제 연습할 때 절대 주의**
>
> 한국어 자 · 모음 결합하듯 발음하면 절대 안 된다. 왜냐하면 원어민 실제 발음 감각이 없어진다.

Phonics별 음가대로 연습해야 하며, 혹시나 글자로 써서 소리를 익히면 안 됨. 소리는 소리대로 익히는 것이 원칙.

영어 회화 첫걸음 [J j 자음의 단어 모음]

· 한국어 단어로 꼭 영어단어 소리를 익혀내는 '습관'을 길들여야 영어 회화가 술술술 저절로 된다.

* 표시는 한국어 표기 외래어. 원어민 소리가 아님.

> **124page**
> 류기오式 영어 단어 표현 연습 복식 방법을 이용하여, 재미로 50번 연습 후 미국사람에게 영어를 말하듯 본인 음성을 녹음해내자!

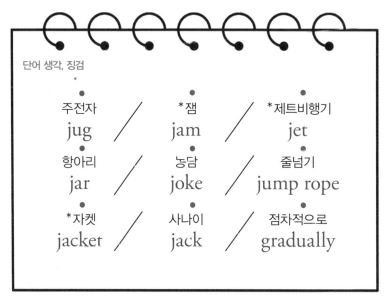

단어 생각, 징검

주전자	/	*잼	/	*제트비행기
jug		jam		jet
항아리	/	농담	/	줄넘기
jar		joke		jump rope
*자켓	/	사나이	/	점차적으로
jacket		jack		gradually

연습하면 원어민 발음은 이루어진다!

13 *CH ch* 자음 Phonics 실제 연습 Ground

Phonics 실제 연습 요령

여기 나온 단어들은 앞서 연습한 음가를 모아서 내는 소리이므로 익힌 대로 원칙대로 한다.

*발음 실제 연습할 때 절대 주의

한국어 자·모음 결합하듯 발음하면 절대 안 된다. 왜냐하면 원어민 실제 발음 감각이 없어진다.

Phonics별 음가대로 연습해야 하며, 혹시나 글자로 써서 소리를 익히면 안 됨. 소리는 소리대로 익히는 것이 원칙.

영어 회화 첫걸음 [CH ch 자음의 단어 모음]

· 한국어 단어로 꼭 영어단어 소리를 익혀내는 '습관'을 길들여야 영어 회화가 술술술 저절로 된다.

* 표시는 한국어 표기 외래어. 원어민 소리가 아님.

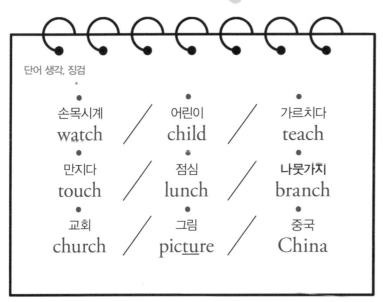

124page
류기오式 영어 단어 표현 연습 복식 방법을 이용하여, 재미로 50번 연습 후 미국사람에게 영어를 말하듯 본인 음성을 녹음해내자!

단어 생각, 징검

손목시계	어린이	가르치다
watch	child	teach
만지다	점심	나뭇가지
touch	lunch	branch
교회	그림	중국
church	picture	China

연습하면 원어민 발음은 이루어진다!

14 # C c

자음 Phonics 실제 연습 Ground

Phonics 실제 연습 요령

여기 나온 단어들은 앞서 연습한 음가를 모아서 내는 소리이므로 익힌 대로 원칙대로 한다.

> *** 발음 실제 연습할 때 절대 주의**
> 한국어 자 · 모음 결합하듯 발음하면 절대 안 된다. 왜냐하면 원어민 실제 발음 감각이 없어진다.

Phonics별 음가대로 연습해야 하며, 혹시나 글자로 써서 소리를 익히면 안 됨. 소리는 소리대로 익히는 것이 원칙.

영어 회화 첫걸음 [C c 자음의 단어 모음]

· 한국어 단어로 꼭 영어단어 소리를 익혀내는 '습관'을 길들여야 영어 회화가 술술술 저절로 된다.

* 표시는 한국어 표기 외래어. 원어민 소리가 아님.

> 124page
> 류기오式 영어 단어 표현 연습 복식 방법을 이용하여, 재미로 50번 연습 후 미국사람에게 영어를 말하듯 본인 음성을 녹음해내자!

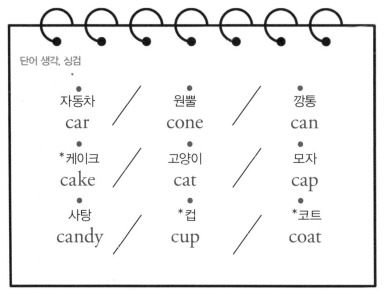

단어 생각, 싱검

자동차 car	원뿔 cone	깡통 can
*케이크 cake	고양이 cat	모자 cap
사탕 candy	*컵 cup	*코트 coat

연습하면 원어민 발음은 이루어진다!

15 **K k** 자음 Phonics 실제 연습 Ground

Phonics 실제 연습 요령

여기 나온 단어들은 앞서 연습한 음가를 모아서 내는 소리이므로 익힌 대로 원칙대로 한다.

> **＊발음 실제 연습할 때 절대 주의**
>
> 한국어 자 · 모음 결합하듯 발음하면 절대 안 된다. 왜냐하면 원어민 실제 발음 감각이 없어진다.

Phonics별 음가대로 연습해야 하며, 혹시나 글자로 써서 소리를 익히면 안 됨. 소리는 소리대로 익히는 것이 원칙.

영어 회화 첫걸음 [K k 자음의 단어 모음]

· 한국어 단어로 꼭 영어단어 소리를 익혀내는 '습관'을 길들여야 영어 회화가 술술술 저절로 된다.

＊ 표시는 한국어 표기 외래어. 원어민 소리가 아님.

> **124page**
> 류기오式 영어 단어 표현 연습 복식 방법을 이용하여, 재미로 50번 연습 후 미국사람에게 영어를 말하듯 본인 음성을 녹음해내자!

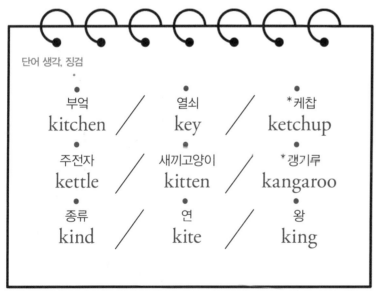

단어 생각, 징검

부엌	/	열쇠	/	＊케찹
kitchen		key		ketchup
주전자	/	새끼고양이	/	＊캥기루
kettle		kitten		kangaroo
종류	/	연	/	왕
kind		kite		king

연습하면 원어민 발음은 이루어진다!

16 Q q 자음 Phonics 실제 연습 Ground

Phonics 실제 연습 요령

여기 나온 단어들은 앞서 연습한 음가를 모아서 내는 소리이므로 익힌 대로 원칙대로 한다.

* 발음 실제 연습할 때 절대 주의

한국어 자·모음 결합하듯 발음하면 절대 안 된다. 왜냐하면 원어민 실제 발음 감각이 없어진다.

Phonics별 음가대로 연습해야 하며, 혹시나 글자로 써서 소리를 익히면 안 됨. 소리는 소리대로 익히는 것이 원칙.

영어 회화 첫걸음 [Q q 자음의 단어 모음]

· 한국어 단어로 꼭 영어단어 소리를 익혀내는 '습관'을 길들여야 영어 회화가 술술술 저절로 된다.

* 표시는 한국어 표기 외래어. 원어민 소리가 아님.

124page
류기오式 영어 단어 표현 연습 복식 방법을 이용하여, 재미로 50번 연습 후 미국사람에게 영어를 말하듯 본인 음성을 녹음해내자!

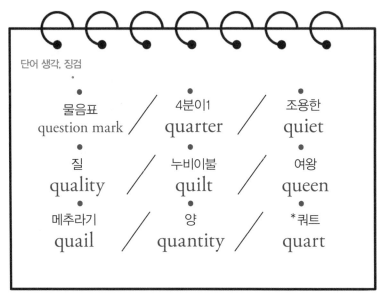

단어 생각, 징검

물음표	4분이1	조용한
question mark	quarter	quiet
질	누비이불	여왕
quality	quilt	queen
메추라기	양	*쿼트
quail	quantity	quart

연습하면 원어민 발음은 이루어진다!

17 X x

Phonics 실제 연습 요령

여기 나온 단어들은 앞서 연습한 음가를 모아서 내는 소리이므로 익힌 대로 원칙대로 한다.

*발음 실제 연습할 때 절대 주의

한국어 자·모음 결합하듯 발음하면 절대 안 된다. 왜냐하면 원어민 실제 발음 감각이 없어진다.

Phonics별 음가대로 연습해야 하며, 혹시나 글자로 써서 소리를 익히면 안 됨. 소리는 소리대로 익히는 것이 원칙.

영어 회화 첫걸음 [X x 자음의 단어 모음]

· 한국어 단어로 꼭 영어단어 소리를 익혀내는 '습관'을 길들여야 영어 회화가 술술술 저절로 된다.

* 표시는 한국어 표기 외래어. 원어민 소리가 아님.

124page
류기오式 영어 단어 표현 연습 복식 방법을 이용하여, 재미로 50번 연습 후 미국사람에게 영어를 말하듯 본인 음성을 녹음해내자!

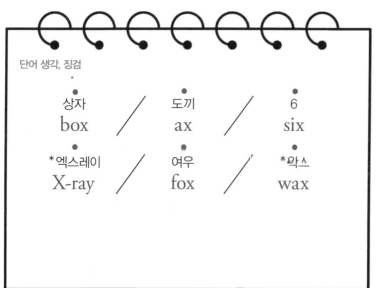

단어 생각, 징검

| 상자 | / | 도끼 | / | 6 |
| box | | ax | | six |

| *엑스레이 | / | 여우 | / | *왁스 |
| X-ray | | fox | | wax |

연습하면 원어민 발음은 이루어진다!

Phonics 실제 연습 요령

여기 나온 단어들은 앞서 연습한 음가를 모아서 내는 소리이므로 익힌 대로 원칙대로 한다.

> ***발음 실제 연습할 때 절대 주의**
>
> 한국어 자·모음 결합하듯 발음하면 절대 안 된다. 왜냐하면 원어민 실제 발음 감각이 없어진다.

Phonics별 음가대로 연습해야 하며, 혹시나 글자로 써서 소리를 익히면 안 됨. 소리는 소리대로 익히는 것이 원칙.

영어 회화 첫걸음 [T t 자음의 단어 모음]

· 한국어 단어로 꼭 영어단어 소리를 익혀내는 '습관'을 길들여야 영어 회화가 술술술 저절로 된다.

* 표시는 한국어 표기 외래어. 원어민 소리가 아님.

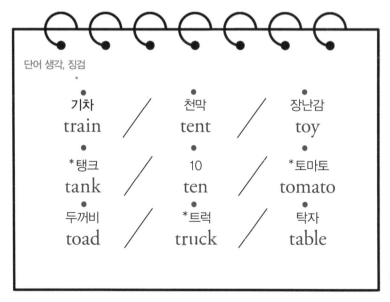

124page
류기오式 영어 단어 표현 연습 복식 방법을 이용하여, 재미로 50번 연습 후 미국사람에게 영어를 말하듯 본인 음성을 녹음해내자!

단어 생각, 징검

기차 train	천막 tent	장난감 toy
*탱크 tank	10 ten	*토마토 tomato
두꺼비 toad	*트럭 truck	탁자 table

연습하면 원어민 발음은 이루어진다!

Phonics 실제 연습 요령

여기 나온 단어들은 앞서 연습한 음가를 모아서 내는 소리이므로 익힌 대로 원칙대로 한다.

> **＊발음 실제 연습할 때 절대 주의**
>
> 한국어 자·모음 결합하듯 발음하면 절대 안 된다. 왜냐하면 원어민 실제 발음 감각이 없어진다.

Phonics별 음가대로 연습해야 하며, 혹시나 글자로 써서 소리를 익히면 안 됨. 소리는 소리대로 익히는 것이 원칙.

영어 회화 첫걸음 [P p 자음의 단어 모음]

· **한국어 단어로 꼭 영어단어 소리를 익혀내는 '습관'을 길들여야 영어 회화가 술술술 저절로 된다.**

＊ 표시는 한국어 표기 외래어. 원어민 소리가 아님.

> **124page**
> 류기오式 영어 단어 표현 연습 복식 방법을 이용하여, 재미로 50번 연습 후 미국사람에게 영어를 말하듯 본인 음성을 녹음해내자!

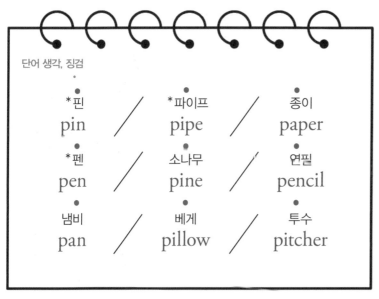

단어 생각, 징검

＊핀	＊파이프	종이
pin	pipe	paper
＊펜	소나무	연필
pen	pine	pencil
냄비	베게	투수
pan	pillow	pitcher

연습하면 원어민 발음은 이루어진다!

Phonics 실제 연습 요령

여기 나온 단어들은 앞서 연습한 음가를 모아서 내는 소리이므로 익힌 대로 원칙대로 한다.

*발음 실제 연습할 때 절대 주의

한국어 자·모음 결합하듯 발음하면 절대 안 된다. 왜냐하면 원어민 실제 발음 감각이 없어진다.

Phonics별 음가대로 연습해야 하며, 혹시나 글자로 써서 소리를 익히면 안 됨. 소리는 소리대로 익히는 것이 원칙.

영어 회화 첫걸음 [F f 자음의 단어 모음]

· 한국어 단어로 꼭 영어단어 소리를 익혀내는 '습관'을 길들여야 영어 회화가 술술술 저절로 된다.

* 표시는 한국어 표기 외래어. 원어민 소리가 아님.

> 124page
> 류기오式 영어 단어 표현 연습 복식 방법을 이용하여, 재미로 50번 연습 후 미국사람에게 영어를 말하듯 본인 음성을 녹음해내자!

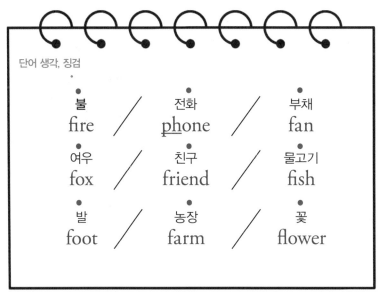

단어 생각, 징검

불	전화	부채
fire /	phone /	fan
여우	친구	물고기
fox /	friend /	fish
발	농장	꽃
foot /	farm /	flower

연습하면 원어민 발음은 이루어진다!

21   H h   자음 Phonics 실제 연습 Ground

Phonics 실제 연습 요령

여기 나온 단어들은 앞서 연습한 음가를 모아서 내는 소리이므로 익힌 대로 원칙대로 한다.

> **＊발음 실제 연습할 때 절대 주의**
>
> 한국어 자·모음 결합하듯 발음하면 절대 안 된다. 왜냐하면 원어민 실제 발음 감각이 없어진다.

Phonics별 음가대로 연습해야 하며, 혹시나 글자로 써서 소리를 익히면 안 됨. 소리는 소리대로 익히는 것이 원칙.

영어 회화 첫걸음 [H h 자음의 단어 모음]

· 한국어 단어로 꼭 영어단어 소리를 익혀내는 '습관'을 길들여야 영어 회화가 술술술 저절로 된다.

＊ 표시는 한국어 표기 외래어. 원어민 소리가 아님.

> **124page**
> 류기오式 영어 단어 표현 연습 복식 방법을 이용하여, 재미로 50번 연습 후 미국사람에게 영어를 말하듯 본인 음성을 녹음해내자!

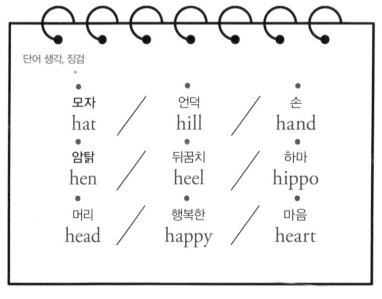

단어 생각, 징검

모자	언덕	손
hat	hill	hand
암탉	뒤꿈치	하마
hen	heel	hippo
머리	행복한	마음
head	happy	heart

연습하면 원어민 발음은 이루어진다!

Phonics 실제 연습 요령

여기 나온 단어들은 앞서 연습한 음가를 모아서 내는 소리이므로 익힌 대로 원칙대로 한다.

> ***발음 실제 연습할 때 절대 주의**
>
> 한국어 자·모음 결합하듯 발음하면 절대 안 된다. 왜냐하면 원어민 실제 발음 감각이 없어진다.

Phonics별 음가대로 연습해야 하며, 혹시나 글자로 써서 소리를 익히면 안 됨. 소리는 소리대로 익히는 것이 원칙.

영어 회화 첫걸음 [TH th 자음의 단어 모음]

· 한국어 단어로 꼭 영어단어 소리를 익혀내는 '습관'을 길들여야 영어 회화가 술술술 저절로 된다.

* 표시는 한국어 표기 외래어. 원어민 소리가 아님.

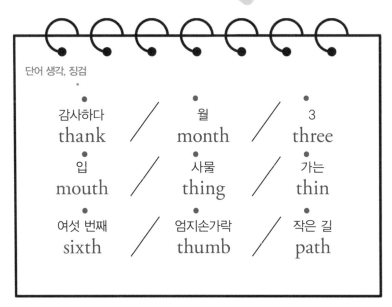

124page
류기오式 영어 단어 표현 연습 복식 방법을 이용하여, 재미로 50번 연습 후 미국사람에게 영어를 말하듯 본인 음성을 녹음해내자!

단어 생각, 징검

감사하다 thank	월 month	3 three
입 mouth	사물 thing	가는 thin
여섯 번째 sixth	엄지손가락 thumb	작은 길 path

연습하면 원어민 발음은 이루어진다!

Phonics 실제 연습 요령

여기 나온 단어들은 앞서 연습한 음가를 모아서 내는 소리이므로 익힌 대로 원칙대로 한다.

* 발음 실제 연습할 때 절대 주의

한국어 자 · 모음 결합하듯 발음하면 절대 안 된다. 왜냐하면 원어민 실제 발음 감각이 없어진다.

Phonics별 음가대로 연습해야 하며, 혹시나 글자로 써서 소리를 익히면 안 됨. 소리는 소리대로 익히는 것이 원칙.

영어 회화 첫걸음 [SH sh 자음의 단어 모음]

· 한국어 단어로 꼭 영어단어 소리를 익혀내는 '습관'을 길들여야 영어 회화가 술술술 저절로 된다.

* 표시는 한국어 표기 외래어. 원어민 소리가 아님.

124page
류기오式 영어 단어 표현 연습 복식 방법을 이용하여, 재미로 50번 연습 후 미국사람에게 영어를 말하듯 본인 음성을 녹음해내자!

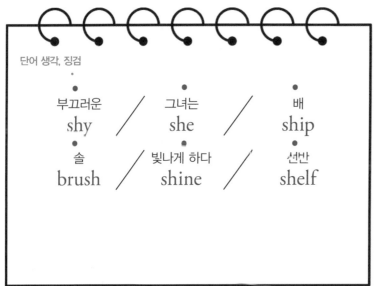

단어 생각, 징검

부끄러운	그녀는	배
shy	she	ship
솔	빛나게 하다	선반
brush	shine	shelf

연습하면 원어민 발음은 이루어진다!

Sl si

자음 Phonics 실제 연습 Ground

여기 나온 단어들은 앞서 연습한 음가를 모아서 내는 소리이므로 익힌 대로 원칙대로 한다.

＊발음 실제 연습할 때 절대 주의

한국어 자·모음 결합하듯 발음하면 절대 안 된다. 왜냐하면 원어민 실제 발음 감각이 없어진다.

Phonics별 음가대로 연습해야 하며, 혹시나 글자로 써서 소리를 익히면 안 됨. 소리는 소리대로 익히는 것이 원칙.

영어 회화 첫걸음 [Sl si 자음의 단어 모음]

· 한국어 단어로 꼭 영어단어 소리를 익혀내는 '습관'을 길들여야 영어 회화가 술술술 저절로 된다.

＊ 표시는 한국어 표기 외래어. 원어민 소리가 아님.

124page
류기오式 영어 단어 표현 연습 복식 방법을 이용하여, 재미로 50번 연습 후 미국사람에게 영어를 말하듯 본인 음성을 녹음해내자!

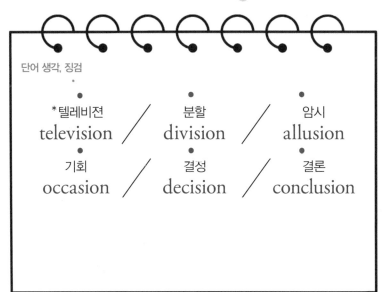

단어 생각, 징검

＊텔레비젼	분할	암시
television	division	allusion
기회	결성	결론
occasion	decision	conclusion

연습하면 원어민 발음은 이루어진다!

Phonics 실제 연습 요령

여기 나온 단어들은 앞서 연습한 음가를 모아서 내는 소리이므로 익힌 대로 원칙대로 한다.

> **＊발음 실제 연습할 때 절대 주의**
>
> 한국어 자·모음 결합하듯 발음하면 절대 안 된다. 왜냐하면 원어민 실제 발음 감각이 없어진다.

Phonics별 음가대로 연습해야 하며, 혹시나 글자로 써서 소리를 익히면 안 됨. 소리는 소리대로 익히는 것이 원칙.

영어 회화 첫걸음 [NG ng 자음의 단어 모음]

· 한국어 단어로 꼭 영어단어 소리를 익혀내는 '습관'을 길들여야 영어 회화가 술술술 저절로 된다.

＊ 표시는 한국어 표기 외래어. 원어민 소리가 아님.

124page
류기오式 영어 단어 표현 연습 복식 방법을 이용하여, 재미로 50번 연습 후 미국사람에게 영어를 말하듯 본인 음성을 녹음해내자!

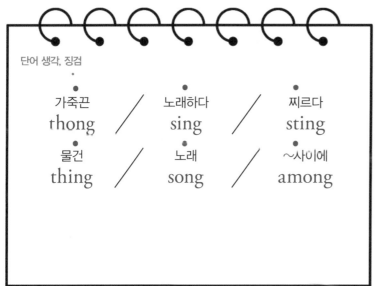

단어 생각, 징검

가죽끈		노래하다		찌르다
thong	/	sing	/	sting
물건		노래		~사이에
thing	/	song	/	among

연습하면 원어민 발음은 이루어진다!

Please train your English conversation

for yourself everyday happily.

*류기오式 영어회화 징검다리 話法화법으로 영어회화(말) 연습하기

영어 회화력 키우기

Chapter 5

단모음 Phonics
실제 연습 Ground

*다음 페이지를 꼭 읽고 발음을 실제로 연습 합시다.

류기오式 영어 단어 표현 연습 복식 방법

'연습 목표 횟수'를 정하면 항상 처음 시작하는 단어부터 단어 소리를 시작해 목표 횟수를 재미있게 <u>채워 내려가면서</u> 영어 단어 표현 감각을 익혀내는 방법이며 또한 영어 회화의 기초를 만들어 내는 방법입니다.

예

안마당	이기다	끓이다	10센트 은화	아버지
yard	win	boil	dime	father
5	5	5	5	5

* 단어 한개씩 목표 횟수를 채우는 영어 단어 소리 연습은 효과가 아주 적습니다!
 (재미없음, 피곤, 짜증)

* 채워 내려가면서의 의미 (각 단어마다 목표 5회 횟수 연습 복식 방법)

연습 복식 방법 순서 →

안마당 yard	이기다 win	끓이다 boil	10센트 은화 dime	아버지 father
1				
2	1			
3	2	1		
4	3	2	1	
5	4	3	2	1
	5	4	3	2
		5	4	3
			5	4
				5

연습 복식 방법 순서 →

* 이 복식 방법대로 해야 **"영어 단어 표현 감각이 익혀져 영어 회화가 술술"**

Phonics 실제 연습 요령

여기 나온 단어들은 앞서 연습한 음가를 모아서 내는 소리이므로 익힌 대로 원칙대로 한다.

＊Phonics 실제 연습할 때 절대 주의

한국어 자 · 모음 결합하듯 발음하면 절대 안 된다. 왜냐하면 원어민 실제 발음 감각이 없어진다.

Phonics별 음가대로 연습해야 하며, 혹시 글자로 써서 소리를 익히면 안 됨. 소리는 소리대로 익히는 것이 원칙.

영어 회화 첫걸음 [A a 단모음의 단어 모음]

· 한국어 단어로 꼭 영어단어 소리를 익혀내는 '습관'을
  길들여야 영어 회화가 술술술 저절로 된다.

＊ 표시는 한국어 표기 외래어. 원어민 소리가 아님.

154page
류기오式 영어 단어 표현 연습 복식
방법을 이용하여, 재미로 50번 연습
후 미국사람에게 영어를 말하듯 본인
음성을 녹음해내자!

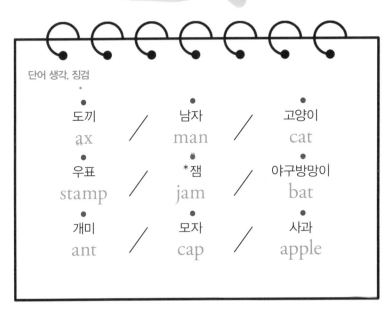

단어 생각, 징검

도끼	남자	고양이
ax	man	cat
우표	*잼	야구방망이
stamp	jam	bat
개미	모자	사과
ant	cap	apple

연습하면 원어민 발음은 이루어진다!

02　E e　(에)단모음 Phonics 실제 연습 Ground

Phonics 실제 연습 요령

여기 나온 단어들은 앞서 연습한 음가를 모아서 내는 소리이므로 익힌 대로 원칙대로 한다.

> *** Phonics 실제 연습할 때 절대 주의**
>
> 한국어 자 · 모음 결합하듯 발음하면 절대 안 된다. 왜냐하면 원어민 실제 발음 감각이 없어진다.

Phonics별 음가대로 연습해야 하며, 혹시 글자로 써서 소리를 익히면 안 됨. 소리는 소리대로 익히는 것이 원칙.

영어 회화 첫걸음 [E e 단모음의 단어 모음]

· 한국어 단어로 꼭 영어단어 소리를 익혀내는 '습관'을 길들여야 영어 회화가 술술술 저절로 된다.

* 표시는 한국어 표기 외래어. 원어민 소리가 아님.

> **154page**
> 류기오式 영어 단어 표현 연습 복식 방법을 이용하여, 재미로 50번 연습 후 미국사람에게 영어를 말하듯 본인 음성을 녹음해내자!

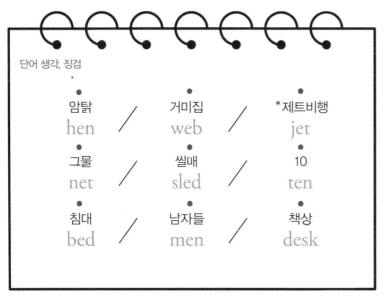

단어 생각, 징검

암탉	/	거미집	/	*제트비행
hen		web		jet
그물	/	씰매	/	10
net		sled		ten
침대	/	남자들	/	책상
bed		men		desk

연습하면 원어민 발음은 이루어진다!

Phonics 실제 연습 요령

여기 나온 단어들은 앞서 연습한 음가를 모아서 내는 소리이므로 익힌 대로 원칙대로 한다.

> *** Phonics 실제 연습할 때 절대 주의**
>
> 한국어 자 · 모음 결합하듯 발음하면 절대 안 된다. 왜냐하면 원어민 실제 발음 감각이 없어진다.

Phonics별 음가대로 연습해야 하며, 혹시 글자로 써서 소리를 익히면 안 됨. 소리는 소리대로 익히는 것이 원칙.

영어 회화 첫걸음 [I i 단모음의 단어 모음]

· 한국어 단어로 꼭 영어단어 소리를 익혀내는 '습관'을 길들여야 영어 회화가 술술술 저절로 된다.

* 표시는 한국어 표기 외래어. 원어민 소리가 아님.

> 154page
> 류기오式 영어 단어 표현 연습 복식 방법을 이용하여, 재미로 50번 연습 후 미국사람에게 영어를 말하듯 본인 음성을 녹음해내자!

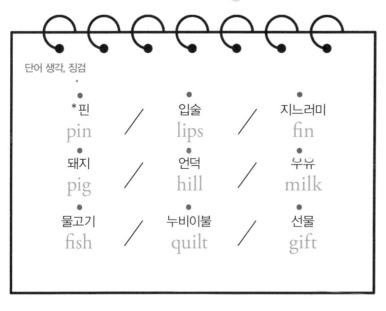

단어 생각, 징검

*핀	/	입술	/	지느러미
pin		lips		fin
돼지	/	언덕	/	우유
pig		hill		milk
물고기	/	누비이불	/	선물
fish		quilt		gift

연습하면 원어민 발음은 이루어진다!

04   O o   (아)단모음 Phonics 실제 연습 Ground

Phonics 실제 연습 요령

여기 나온 단어들은 앞서 연습한 음가를 모아서 내는 소리이므로 익힌 대로 원칙대로 한다.

> * Phonics 실제 연습할 때 절대 주의
>
> 한국어 자 · 모음 결합하듯 발음하면 절대 안 된다. 왜냐하면 원어민 실제 발음 감각이 없어진다.

Phonics별 음가대로 연습해야 하며, 혹시 글자로 써서 소리를 익히면 안 됨. 소리는 소리대로 익히는 것이 원칙.

영어 회화 첫걸음 [O o 단모음의 단어 모음]

· 한국어 단어로 꼭 영어단어 소리를 익혀내는 '습관'을 길들여야 영어 회화가 술술술 저절로 된다.

* 표시는 한국어 표기 외래어. 원어민 소리가 아님.

154page
류기오式 영어 단어 표현 연습 복식 방법을 이용하여, 재미로 50번 연습 후 미국사람에게 영어를 말하듯 본인 음성을 녹음해내자!

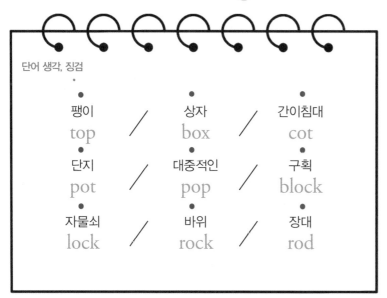

단어 생각, 징검

팽이	/	상자	/	간이침대
top		box		cot
단지	/	대중적인	/	구획
pot		pop		block
자물쇠	/	바위	/	장대
lock		rock		rod

연습하면 원어민 발음은 이루어진다!

05 U u (어)단모음 Phonics 실제 연습 Ground

Phonics 실제 연습 요령

여기 나온 단어들은 앞서 연습한 음가를 모아서 내는 소리이므로 익힌 대로 원칙대로 한다.

> *Phonics 실제 연습할 때 절대 주의
>
> 한국어 자·모음 결합하듯 발음하면 절대 안 된다. 왜냐하면 원어민 실제 발음 감각이 없어진다.

Phonics별 음가대로 연습해야 하며, 혹시 글자로 써서 소리를 익히면 안 됨. 소리는 소리대로 익히는 것이 원칙.

영어 회화 첫걸음 [U u 단모음의 단어 모음]

· 한국어 단어로 꼭 영어단어 소리를 익혀내는 '습관'을 길들여야 영어 회화가 술술술 저절로 된다.

* 표시는 한국어 표기 외래어. 원어민 소리가 아님.

154page
류기오式 영어 단어 표현 연습 복식 방법을 이용하여, 재미로 50번 연습 후 미국사람에게 영어를 말하듯 본인 음성을 녹음해내자!

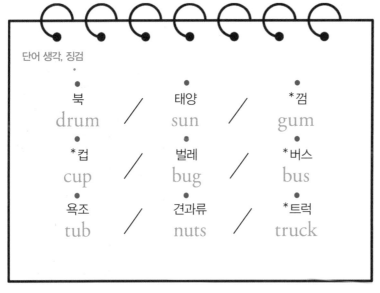

단어 생각, 징검

북	/	태양	/	*껌
drum		sun		gum
*컵	/	벌레	/	*버스
cup		bug		bus
욕조	/	견과류	/	*트럭
tub		nuts		truck

연습하면 원어민 발음은 이루어진다!

Phonics 실제 연습 요령

여기 나온 단어들은 앞서 연습한 음가를 모아서 내는 소리이므로 익힌 대로 원칙대로 한다.

> *** Phonics 실제 연습할 때 절대 주의**
>
> 한국어 자 · 모음 결합하듯 발음하면 절대 안 된다. 왜냐하면 원어민 실제 발음 감각이 없어진다.

Phonics별 음가대로 연습해야 하며, 혹시 글자로 써서 소리를 익히면 안 됨. 소리는 소리대로 익히는 것이 원칙.

영어 회화 첫걸음 [A a 단모음의 단어 모음]

· **한국어 단어로 꼭 영어단어 소리를 익혀내는 '습관'을 길들여야 영어 회화가 술술술 저절로 된다.**

* 표시는 한국어 표기 외래어. 원어민 소리가 아님.

> **154page**
> 류기오式 영어 단어 표현 연습 복식 방법을 이용하여, 재미로 50번 연습 후 미국사람에게 영어를 말하듯 본인 음성을 녹음해내자!

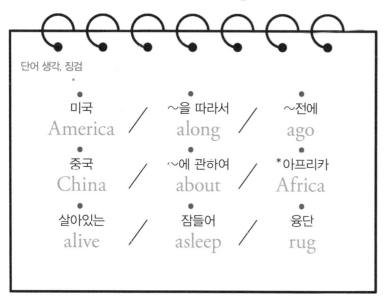

단어 생각, 징검

미국 America	~을 따라서 along	~전에 ago
중국 China	~에 관하여 about	*아프리카 Africa
살아있는 alive	잠들어 asleep	융단 rug

연습하면 원어민 발음은 이루어진다!

07 | O o | (오)단모음 Phonics 실제 연습 Ground

Phonics 실제 연습 요령

여기 나온 단어들은 앞서 연습한 음가를 모아서 내는 소리이므로 익힌 대로 원칙대로 한다.

> * Phonics 실제 연습할 때 절대 주의
>
> 한국어 자 · 모음 결합하듯 발음하면 절대 안 된다. 왜냐하면 원어민 실제 발음 감각이 없어진다.

Phonics별 음가대로 연습해야 하며, 혹시 글자로 써서 소리를 익히면 안 됨. 소리는 소리대로 익히는 것이 원칙.

영어 회화 첫걸음 [O o 단모음의 단어 모음]

· 한국어 단어로 꼭 영어단어 소리를 익혀내는 '습관'을 길들여야 영어 회화가 술술술 저절로 된다.

* 표시는 한국어 표기 외래어. 원어민 소리가 아님.

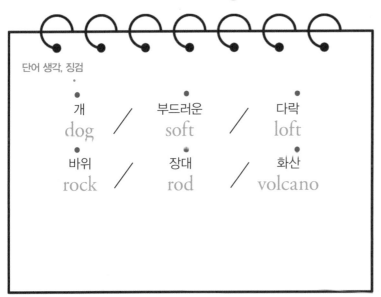

154page
류기오式 영어 단어 표현 연습 복식 방법을 이용하여, 재미로 50번 연습 후 미국사람에게 영어를 말하듯 본인 음성을 녹음해내자!

단어 생각, 징검

개	/	부드러운	/	다락
dog		soft		loft
바위	/	장대	/	화산
rock		rod		volcano

연습하면 원어민 발음은 이루어진다!

08 OO oo (우)단모음 Phonics 실제 연습 Ground

Phonics 실제 연습 요령

여기 나온 단어들은 앞서 연습한 음가를 모아서 내는 소리이므로 익힌 대로 원칙대로 한다.

> *** Phonics 실제 연습할 때 절대 주의**
>
> 한국어 자 · 모음 결합하듯 발음하면 절대 안 된다. 왜냐하면 원어민 실제 발음 감각이 없어진다.

Phonics별 음가대로 연습해야 하며, 혹시 글자로 써서 소리를 익히면 안 됨. 소리는 소리대로 익히는 것이 원칙.

영어 회화 첫걸음 [OO oo 단모음의 단어 모음]

· 한국어 단어로 꼭 영어단어 소리를 익혀내는 '습관'을 길들여야 영어 회화가 술술술 저절로 된다.

* 표시는 한국어 표기 외래어. 원어민 소리가 아님.

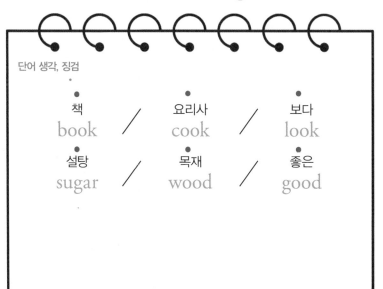

> 154page
> 류기오式 영어 단어 표현 연습 복식 방법을 이용하여, 재미로 50번 연습 후 미국사람에게 영어를 말하듯 본인 음성을 녹음해내자!

단어 생각, 징검

책		요리사		보다
book	/	cook	/	look
설탕		목재		좋은
sugar	/	wood	/	good

연습하면 원어민 발음은 이루어진다!

Phonics 실제 연습 요령

여기 나온 단어들은 앞서 연습한 음가를 모아서 내는 소리이므로 익힌 대로 원칙대로 한다.

 * Phonics 실제 연습할 때 절대 주의

 한국어 자·모음 결합하듯 발음하면 절대 안 된다. 왜냐하면 원어민 실제 발음 감각이 없어진다.

Phonics별 음가대로 연습해야 하며, 혹시 글자로 써서 소리를 익히면 안 됨. 소리는 소리대로 익히는 것이 원칙.

영어 회화 첫걸음 [ER er 단모음의 단어 모음]

· 한국어 단어로 꼭 영어단어 소리를 익혀내는 '습관'을 길들여야 영어 회화가 술술술 저절로 된다.

* 표시는 한국어 표기 외래어. 원어민 소리가 아님.

154page
류기오式 영어 단어 표현 연습 복식 방법을 이용하여, 재미로 50번 연습 후 미국사람에게 영어를 말하듯 본인 음성을 녹음해내자!

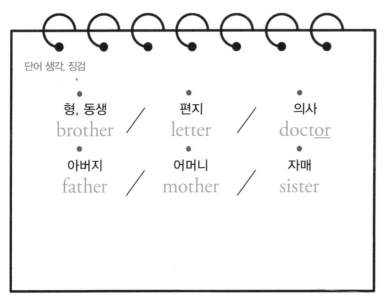

단어 생각, 징검

형, 동생 / 편지 / 의사
brother / letter / doctor

아버지 / 어머니 / 자매
father / mother / sister

연습하면 원어민 발음은 이루어진다!

Please train your English conversation

for yourself everyday happily.

*류기오式 영어회화 징검다리 話法화법으로 영어회화(말) 연습하기

PART 2

영어 회화력 키우기

Chapter 6

장모음 Phonics
실제 연습 Ground

*다음 페이지를 꼭 읽고 발음을 실제로 연습 합시다.

류기오式 영어 단어 표현 연습 복식 방법

'연습 목표 횟수'를 정하면 항상 처음 시작하는 단어부터 단어 소리를 시작해 목표 횟수를 재미있게 <u>채워 내려가면서</u> 영어 단어 표현 감각을 익혀내는 방법이며 또한 영어 회화의 기초를 만들어 내는 방법입니다.

안마당 yard	이기다 win	끓이다 boil	10센트 은화 dime	아버지 father
5	5	5	5	5

* 단어 한개씩 목표 횟수를 채우는 영어 단어 소리 연습은 효과가 아주 적습니다!
  (재미없음, 피곤, 짜증)

* 채워 내려가면서의 의미 (각 단어마다 목표 5회 횟수 연습 복식 방법)

연습 복식 방법 순서	안마당 yard	이기다 win	끓이다 boil	10센트 은화 dime	아버지 father
	1				
	2	1			
	3	2	1		
	4	3	2	1	
	5	4	3	2	1
		5	4	3	2
			5	4	3
				5	4
					5

첫새 페지 효과 순서

* 이 복식 방법대로 해야 **"영어 단어 표현 감각이 익혀져 영어 회화가 술술"**

01 a/ai/ay/ea

(에이)장모음 Phonics 실제 연습 Ground

Phonics 실제 연습 요령

여기 나온 단어들은 앞서 연습한 음가를 모아서 내는 소리이므로 익힌 대로 원칙대로 한다.

> * Phonics 실제 연습할 때 절대 주의
>
> 한국어 자·모음 결합하듯 발음하면 절대 안 된다. 왜냐하면 원어민 실제 발음 감각이 없어진다.

Phonics별 음가대로 연습해야 하며, 혹시 글자로 써서 소리를 익히면 안 됨. 소리는 소리대로 익히는 것이 원칙.

영어 회화 첫걸음 [a/ai/ay/ea 장모음의 단어 모음]

· 한국어 단어로 꼭 영어단어 소리를 익혀내는 '습관'을 길들여야 영어 회화가 술술술 저절로 된다.

* 표시는 한국어 표기 외래어. 원어민 소리가 아님.

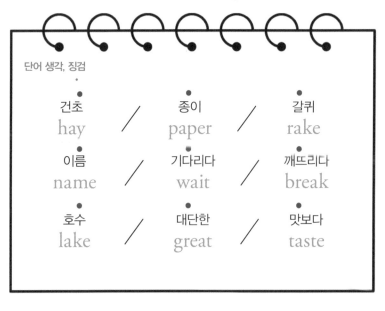

168 page
류기오式 영어 단어 표현 연습 복식 방법을 이용하여, 재미로 50번 연습 후 미국사람에게 영어를 말하듯 본인 음성을 녹음해내자!

단어 생각, 징검

건초	종이	갈퀴
hay	paper	rake
이름	기다리다	깨뜨리다
name	wait	break
호수	대단한	맛보다
lake	great	taste

연습하면 원어민 발음은 이루어진다!

Phonics 실제 연습 요령

여기 나온 단어들은 앞서 연습한 음가를 모아서 내는 소리이므로 익힌 대로 원칙대로 한다.

> *** Phonics 실제 연습할 때 절대 주의**
>
> 한국어 자 · 모음 결합하듯 발음하면 절대 안 된다. 왜냐하면 원어민 실제 발음 감각이 없어진다.

Phonics별 음가대로 연습해야 하며, 혹시 글자로 써서 소리를 익히면 안 됨. 소리는 소리대로 익히는 것이 원칙.

영어 회화 첫걸음 [ee/ea/e/ie 장모음의 단어 모음]

· 한국어 단어로 꼭 영어단어 소리를 익혀내는 '습관'을 길들여야 영어 회화가 술술술 저절로 된다.

* 표시는 한국어 표기 외래어. 원어민 소리가 아님.

> 168 page
> 류기오式 영어 단어 표현 연습 복식 방법을 이용하여, 재미로 50번 연습 후 미국사람에게 영어를 말하듯 본인 음성을 녹음해내자!

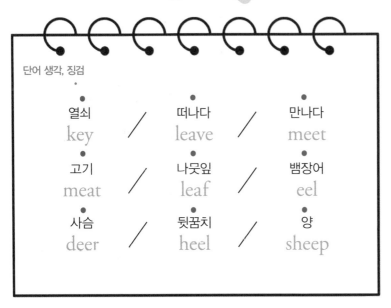

단어 생각, 징검

열쇠	떠나다	만나다
key	leave	meet
고기	나뭇잎	뱀장어
meat	leaf	eel
사슴	뒷꿈치	양
deer	heel	sheep

연습하면 원어민 발음은 이루어진다!

Phonics 실제 연습 요령

여기 나온 단어들은 앞서 연습한 음가를 모아서 내는 소리이므로 익힌 대로 원칙대로 한다.

> * Phonics 실제 연습할 때 절대 주의
>
> 한국어 자·모음 결합하듯 발음하면 절대 안 된다. 왜냐하면 원어민 실제 발음 감각이 없어진다.

Phonics별 음가대로 연습해야 하며, 혹시 글자로 써서 소리를 익히면 안 됨. 소리는 소리대로 익히는 것이 원칙.

영어 회화 첫걸음 [i/ie 장모음의 단어 모음]

· 한국어 단어로 꼭 영어단어 소리를 익혀내는 '습관'을 길들여야 영어 회화가 술술술 저절로 된다.

* 표시는 한국어 표기 외래어. 원어민 소리가 아님.

168 page
류기오式 영어 단어 표현 연습 복식 방법을 이용하여, 재미로 50번 연습 후 미국사람에게 영어를 말하듯 본인 음성을 녹음해내자!

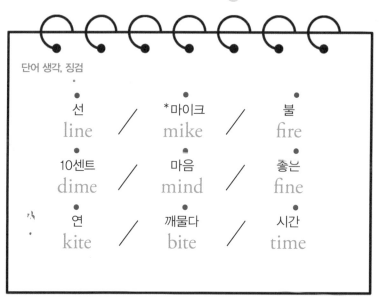

단어 생각, 징검

선	*마이크	불
line	mike	fire
10센트	마음	좋은
dime	mind	fine
연	깨물다	시간
kite	bite	time

연습하면 원어민 발음은 이루어진다!

Phonics 실제 연습 요령

여기 나온 단어들은 앞서 연습한 음가를 모아서 내는 소리이므로 익힌 대로 원칙대로 한다.

* Phonics 실제 연습할 때 절대 주의

한국어 자 · 모음 결합하듯 발음하면 절대 안 된다. 왜냐하면 원어민 실제 발음 감각이 없어진다.

Phonics별 음가대로 연습해야 하며, 혹시 글자로 써서 소리를 익히면 안 됨. 소리는 소리대로 익히는 것이 원칙.

영어 회화 첫걸음 [oa/oe/ow 장모음의 단어 모음]

· 한국어 단어로 꼭 영어단어 소리를 익혀내는 '습관'을 길들여야 영어 회화가 술술술 저절로 된다.

* 표시는 한국어 표기 외래어. 원어민 소리가 아님.

> **168 page**
> 류기오式 영어 단어 표현 연습 복식 방법을 이용하여, 재미로 50번 연습 후 미국사람에게 영어를 말하듯 본인 음성을 녹음해내자!

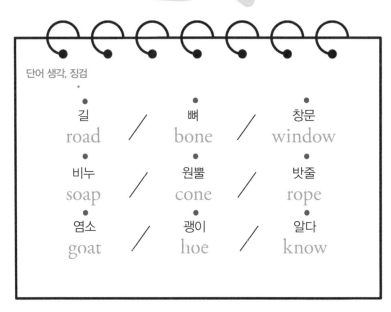

단어 생각, 징검

길	뼈	창문
road	bone	window
비누	원뿔	밧줄
soap	cone	rope
염소	괭이	알다
goat	hoe	know

연습하면 원어민 발음은 이루어진다!

Phonics 실제 연습 요령

여기 나온 단어들은 앞서 연습한 음가를 모아서 내는 소리이므로 익힌 대로 원칙대로 한다.

> *** Phonics 실제 연습할 때 절대 주의**
>
> 한국어 자 · 모음 결합하듯 발음하면 절대 안 된다. 왜냐하면 원어민 실제 발음 감각이 없어진다.

Phonics별 음가대로 연습해야 하며, 혹시 글자로 써서 소리를 익히면 안 됨. 소리는 소리대로 익히는 것이 원칙.

영어 회화 첫걸음 [u/oo 장모음의 단어 모음]

· 한국어 단어로 꼭 영어단어 소리를 익혀내는 '습관'을 길들여야 영어 회화가 술술술 저절로 된다.

* 표시는 한국어 표기 외래어. 원어민 소리가 아님.

> **168 page**
> 류기오式 영어 단어 표현 연습 복식 방법을 이용하여, 재미로 50번 연습 후 미국사람에게 영어를 말하듯 본인 음성을 녹음해내자!

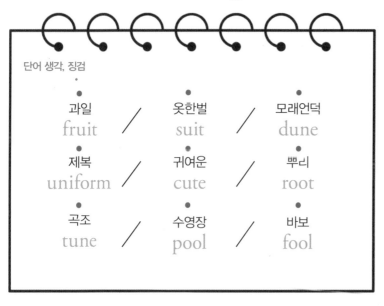

단어 생각, 징검

과일	/	옷한벌	/	모래언덕
fruit		suit		dune
제복	/	귀여운	/	뿌리
uniform		cute		root
곡조	/	수영장	/	바보
tune		pool		fool

연습하면 원어민 발음은 이루어진다!

Phonics 실제 연습 요령

여기 나온 단어들은 앞서 연습한 음가를 모아서 내는 소리이므로 익힌 대로 원칙대로 한다.

> *** Phonics 실제 연습할 때 절대 주의**
>
> 한국어 자 · 모음 결합하듯 발음하면 절대 안 된다. 왜냐하면 원어민 실제 발음 감각이 없어진다.

Phonics별 음가대로 연습해야 하며, 혹시 글자로 써서 소리를 익히면 안 됨. 소리는 소리대로 익히는 것이 원칙.

영어 회화 첫걸음 [A a 장모음의 단어 모음]

· 한국어 단어로 꼭 영어단어 소리를 익혀내는 '습관'을 길들여야 영어 회화가 술술술 저절로 된다.

* 표시는 한국어 표기 외래어. 원어민 소리가 아님.

> **168 page**
> 류기오式 영어 단어 표현 연습 복식 방법을 이용하여, 재미로 50번 연습 후 미국사람에게 영어를 말하듯 본인 음성을 녹음해내자!

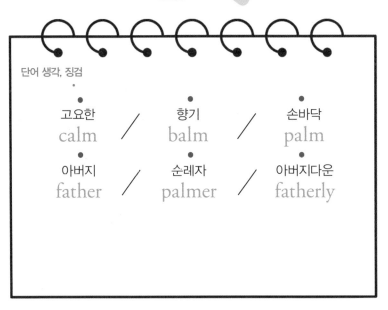

단어 생각, 징검

고요한		향기		손바닥
calm	/	balm	/	palm
아버지		순례자		아버지다운
father	/	palmer	/	fatherly

연습하면 원어민 발음은 이루어진다!

Phonics 실제 연습 요령

여기 나온 단어들은 앞서 연습한 음가를 모아서 내는 소리이므로 익힌 대로 원칙대로 한다.

* Phonics 실제 연습할 때 절대 주의

한국어 자·모음 결합하듯 발음하면 절대 안 된다. 왜냐하면 원어민 실제 발음 감각이 없어진다.

Phonics별 음가대로 연습해야 하며, 혹시나 글자로 써서 소리를 익히면 안 됨. 소리는 소리대로 익히는 것이 원칙.

영어 회화 첫걸음 [a/au/ou 장모음의 단어 모음]

· 한국어 단어로 꼭 영어단어 소리를 익혀내는 '습관'을
길들여야 영어 회화가 술술술 저절로 된다.

* 표시는 한국어 표기 외래어. 원어민 소리가 아님.

> **168 page**
> <u>류기오式 영어 단어 표현 연습 복식</u>
> <u>방법</u>을 이용하여, 재미로 50번 연습
> 후 미국사람에게 영어를 말하듯 본인
> 음성을 녹음해내자!

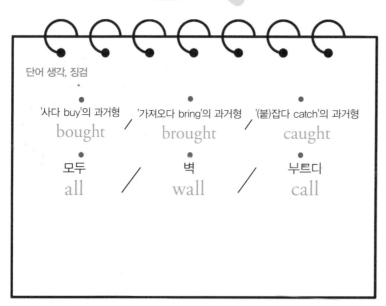

단어 생각, 징검

'사다 buy'의 과거형 / '가져오다 bring'의 과거형 / '(붙)잡다 catch'의 과거형

bought / brought / caught

모두 / 벽 / 누트디

all / wall / call

연습하면 원어민 발음은 이루어진다!

Phonics 실제 연습 요령

여기 나온 단어들은 앞서 연습한 음가를 모아서 내는 소리이므로 익힌 대로 원칙대로 한다.

> *Phonics 실제 연습할 때 절대 주의
>
> 한국어 자·모음 결합하듯 발음하면 절대 안 된다. 왜냐하면 원어민 실제 발음 감각이 없어진다.

Phonics별 음가대로 연습해야 하며, 혹시나 글자로 써서 소리를 익히면 안 됨. 소리는 소리대로 익히는 것이 원칙.

영어 회화 첫걸음 [ir/ur 장모음의 단어 모음]

· 한국어 단어로 꼭 영어단어 소리를 익혀내는 '습관'을 길들여야 영어 회화가 술술술 저절로 된다.

* 표시는 한국어 표기 외래어. 원어민 소리가 아님.

> **168 page**
> <u>류기오式 영어 단어 표현 연습 복식 방법</u>을 이용하여, 재미로 50번 연습 후 미국사람에게 영어를 말하듯 본인 음성을 녹음해내자!

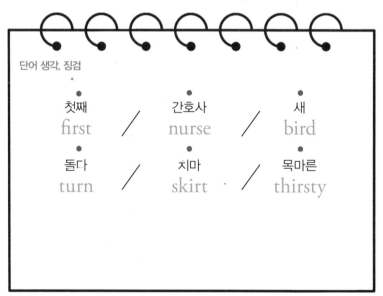

단어 생각, 징검

첫째	/	간호사	/	새
first		nurse		bird
돌다	/	지마	/	목마른
turn		skirt		thirsty

연습하면 원어민 발음은 이루어진다!

09 *ou/ow*   (아우)장모음 실제 연습 Ground

Phonics 실제 연습 요령

여기 나온 단어들은 앞서 연습한 음가를 모아서 내는 소리이므로 익힌 대로 원칙대로 한다.

> *** Phonics 실제 연습할 때 절대 주의**
>
> 한국어 자·모음 결합하듯 발음하면 절대 안 된다. 왜냐하면 원어민 실제 발음 감각이 없어진다.

Phonics별 음가대로 연습해야 하며, 혹시나 글자로 써서 소리를 익히면 안 됨. 소리는 소리대로 익히는 것이 원칙.

영어 회화 첫걸음 [ou/ow 장모음의 단어 모음]

· 한국어 단어로 꼭 영어단어 소리를 익혀내는 '습관'을 길들여야 영어 회화가 술술술 저절로 된다.

* 표시는 한국어 표기 외래어. 원어민 소리가 아님.

> **168 page**
> 류기오式 영어 단어 표현 연습 복식 방법을 이용하여, 재미로 50번 연습 후 미국사람에게 영어를 말하듯 본인 음성을 녹음해내자!

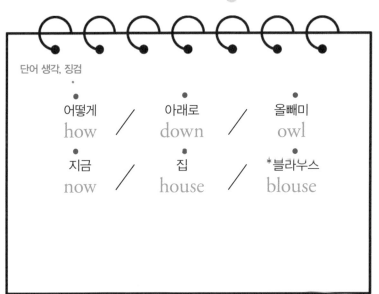

단어 생각, 징검

어떻게	/	아래로	/	올빼미
how		down		owl

지금	/	집	/	*블라우스
now		house		blouse

연습하면 원어민 발음은 이루어진다!

178   영어 발음과 회화 답이 보인다

Phonics 실제 연습 요령

여기 나온 단어들은 앞서 연습한 음가를 모아서 내는 소리이므로 익힌 대로 원칙대로 한다.

> *** Phonics 실제 연습할 때 절대 주의**
>
> 한국어 자 · 모음 결합하듯 발음하면 절대 안 된다. 왜냐하면 원어민 실제 발음 감각이 없어진다.

Phonics별 음가대로 연습해야 하며, 혹시나 글자로 써서 소리를 익히면 안 됨. 소리는 소리대로 익히는 것이 원칙.

영어 회화 첫걸음 [oi/oy 장모음의 단어 모음]

· **한국어 단어로 꼭 영어단어 소리를 익혀내는 '습관'을 길들여야 영어 회화가 술술술 저절로 된다.**

* 표시는 한국어 표기 외래어. 원어민 소리가 아님.

> **168 page**
> 류기오式 영어 단어 표현 연습 복식
> 방법을 이용하여, 재미로 50번 연습
> 후 미국사람에게 영어를 말하듯 본인
> 음성을 녹음해내자!

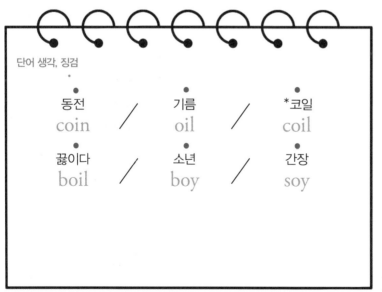

단어 생각, 징검

동전	/	기름	/	*코일
coin		oil		coil
끓이다	/	소년	/	간장
boil		boy		soy

연습하면 원어민 발음은 이루어진다!

Phonics 실제 연습 요령

여기 나온 단어들은 앞서 연습한 음가를 모아서 내는 소리이므로 익힌 대로 원칙대로 한다.

> *Phonics 실제 연습할 때 절대 주의
>
> 한국어 자 · 모음 결합하듯 발음하면 절대 안 된다. 왜냐하면 원어민 실제 발음 감각이 없어진다.

Phonics별 음가대로 연습해야 하며, 혹시나 글자로 써서 소리를 익히면 안 됨. 소리는 소리대로 익히는 것이 원칙.

영어 회화 첫걸음 [ai/ar/er/eir 장모음의 단어 모음]

· 한국어 단어로 꼭 영어단어 소리를 익혀내는 '습관'을 길들여야 영어 회화가 술술술 저절로 된다.

* 표시는 한국어 표기 외래어. 원어민 소리가 아님.

168 page
류기오式 영어 단어 표현 연습 복식 방법을 이용하여, 재미로 50번 연습 후 미국사람에게 영어를 말하듯 본인 음성을 녹음해내자!

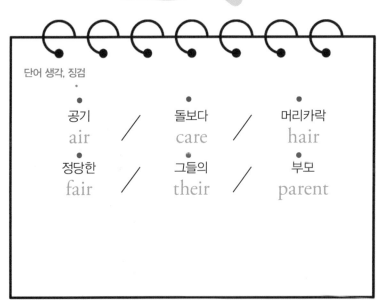

단어 생각, 징검

공기	돌보다	머리카락
air	care	hair
정당한	그들의	부모
fair	their	parent

연습하면 원어민 발음은 이루어진다!

Please train your English conversation

for yourself everyday happily.

*류기오式 영어회화 징검다리 話法화법으로 영어회화(말) 연습하기

영어 회화력 키우기

Chapter 7

반모음 Phonics
실제 연습 Ground

*다음 페이지를 꼭 읽고 발음을 실제로 연습 합시다.

류기오式 영어 단어 표현 연습 복식 방법

'연습 목표 횟수'를 정하면 항상 처음 시작하는 단어부터 단어 소리를 시작해 목표 횟수를 재미있게 <u>채워 내려가면서</u> 영어 단어 표현 감각을 익혀내는 방법이며 또한 영어 회화의 기초를 만들어 내는 방법입니다.

안마당 yard	이기다 win	끓이다 boil	10센트 은화 dime	아버지 father
5	5	5	5	5

* 단어 한개씩 목표 횟수를 채우는 영어 단어 소리 연습은 효과가 아주 적습니다!
  (재미없음, 피곤, 짜증)

* 채워 내려가면서의 의미 (각 단어마다 목표 5회 횟수 연습 복식 방법)

	안마당 yard	이기다 win	끓이다 boil	10센트 은화 dime	아버지 father
연 습 복 식 방 법 순 서	1				
	2	1			
	3	2	1		
	4	3	2	1	
	5	4	3	2	1
		5	4	3	2
			5	4	3
				5	4
					5

순서 복식 연습 채워 내려감

* 이 복식 방법대로 해야 "영어 단어 표현 감각이 익혀져 영어 회화가 술술"

Phonics 실제 연습 요령

여기 나온 단어들은 앞서 연습한 음가를 모아서 내는 소리이므로 익힌 대로 원칙대로 한다.

*Phonics 실제 연습할 때 절대 주의

한국어 자·모음 결합하듯 발음하면 절대 안 된다. 왜냐하면 원어민 실제 발음 감각이 없어진다.

Phonics별 음가대로 연습해야 하며, 혹시나 글자로 써서 소리를 익히면 안 됨. 소리는 소리대로 익히는 것이 원칙.

영어 회화 첫걸음 [W w 반모음의 단어 모음]

· 한국어 단어로 꼭 영어단어 소리를 익혀내는 '습관'을 길들여야 영어 회화가 술술술 저절로 된다.

* 표시는 한국어 표기 외래어. 원어민 소리가 아님.

184page
류기오式 영어 단어 표현 연습 복식 방법을 이용하여, 재미로 50번 연습 후 미국사람에게 영어를 말하듯 본인 음성을 녹음해내자!

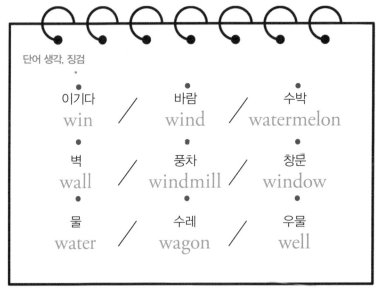

단어 생각, 징검

이기다	/	바람	/	수박
win		wind		watermelon
벽	/	풍차	/	창문
wall		windmill		window
물	/	수레	/	우물
water		wagon		well

연습하면 원어민 발음은 이루어진다!

Phonics 실제 연습 요령

여기 나온 단어들은 앞서 연습한 음가를 모아서 내는 소리이므로 익힌 대로 원칙대로 한다.

> *** Phonics 실제 연습할 때 절대 주의**
>
> 한국어 자·모음 결합하듯 발음하면 절대 안 된다. 왜냐하면 원어민 실제 발음 감각이 없어진다.

Phonics별 음가대로 연습해야 하며, 혹시나 글자로 써서 소리를 익히면 안 됨. 소리는 소리대로 익히는 것이 원칙.

영어 회화 첫걸음 [Y y 반모음의 단어 모음]

· 한국어 단어로 꼭 영어단어 소리를 익혀내는 '습관'을 길들여야 영어 회화가 술술술 저절로 된다.

* 표시는 한국어 표기 외래어. 원어민 소리가 아님.

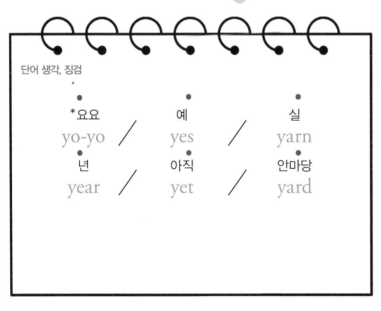

> 184page
> 류기오式 영어 단어 표현 연습 복식 방법을 이용하여, 재미로 50번 연습 후 미국사람에게 영어를 말하듯 본인 음성을 녹음해내자!

단어 생각, 징검

*요요	/	예	/	실
yo-yo	/	yes	/	yarn
년	/	아직	/	안마당
year	/	yet	/	yard

연습하면 원어민 받음은 이루어진다!

영어 회화력 키우기

Chapter 8

Up-grade
English 회화 한마디씩 말해봐
연습 Ground

[Up-grade 발음 실제 연습 Ground]

*다음 페이지를 꼭 읽고 발음을 실제로 연습 합시다.

류기오式 영어회화 징검다리 話法화법 (Stepping-stone Thinking)

영어회화를 할 때 표현하는 '단어 생각, 징검'을 느끼면서 징검(단어마다 표현 전달 완성의 의미)징검 하며 징검다리 건너가듯 하면서 영어회화력을 길러내는 話法화법을 말한다.

*따라서 영어회화 표현력(구사력)은

류기오式 영어회화 징검다리 화법(Stepping-stone Thinking)이라는 것이다.

징검다리란?

*개천에 돌덩이를 드문드문 띄어놓은 다리

Up-grade English 회화 한마디씩 말해봐
연습 Ground

[Up-grade 발음 실제 연습 Ground]

A. 지금까지는 자음, 단모음, 장모음, 반모음에서 발음 실제 연습은 <u>언어 습득 과정의 옹알이 단계</u>였다.

B. 지금부터는 연습한 단어들을 섞어서 가일층 더욱 원어민 Phonics 감각을 완성시키는 Ground이며, 동시에 Up-grade된 English 회화 한마디씩 말해봐 연습 Ground이다.

Up-grade Phonics 실제 연습 요령

이미 원리원칙대로 익힌 대로 해야 하며, 정확하게 매우 빠른 속도로 연습한다.

연습 횟수 재미로 100번 이상

학습자의 생각, 느낌을 영어단어 소리로 표현해내기
* 표시는 한국어 표기 외래어. 원어민 소리가 아님.

190page
류기오式 영어회화 징검다리 화법을 이용하여, 재미로 100번 연습 후 미국사람에게 영어를 말하듯 본인 음성을 녹음해내자!

한국어를 영어 소리로 하면
영어 회화가 시작이다!
'음성녹음' 앱으로 녹음해 보세요!

단어 생각, 징검

이기다	/	끓이다
win		boil
안마당	/	아버지
yard		father

· 한국어 단어로 꼭 영어단어 소리를 익혀내는 '습관'을 길들여야 영어 회화가 술술술 저절로 된다.

Up-grade 연습하면 영어 회화의 기초 감각으로 회화가 가능해진다!

학습자의 생각, 느낌을 영어단어 소리로 표현해내기
* 표시는 한국어 표기 외래어. 원어민 소리가 아님.

한국어를 영어 소리로 하면
영어 회화가 시작이다!
'음성녹음' 앱으로 녹음해 보세요!

190page
류기오式 영어회화 징검다리 화법을
이용하여, 재미로 100번 연습 후 미
국사람에게 영어를 말하듯 본인 음성
을 녹음해내자!

· 한국어 단어로 꼭 영어 단어 소리를 익혀내는
'습관'을 길들여야 영어 회화가 술술술 저절로 된다.

단어 생각, 징검

편지 / 물건 / *텔레비전
letter / thing / television

간호사 / 돼지 / 남자들
nurse / pig / men

손 / 공기 / 종이
hand / air / paper

Up-grade 연습하면 영어 회화의 기초 감각으로 회화가 가능해진다!

학습자의 생각, 느낌을 영어단어 소리로 표현해내기
* 표시는 한국어 표기 외래어. 원어민 소리가 아님.

한국어를 영어 소리로 하면
영어 회화가 시작이다!
'음성녹음' 앱으로 녹음해 보세요!

190page
류기오式 영어회화 징검다리 화법을
이용하여, 재미로 100번 연습 후 미
국사람에게 영어를 말하듯 본인 음성
을 녹음해내자!

· 한국어 단어로 꼭 영어 단어 소리를 익혀내는
'습관'을 길들여야 영어 회화가 술술술 저절로 된다.

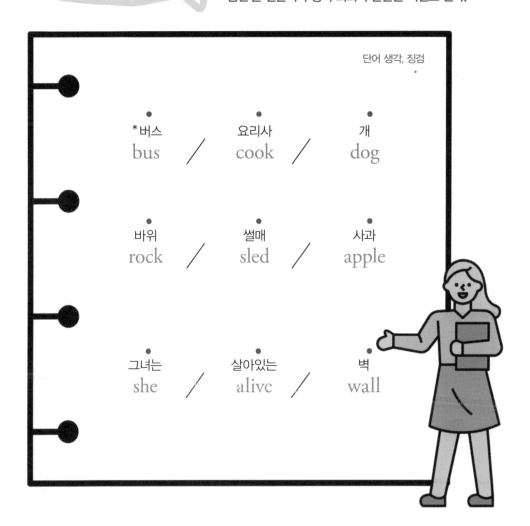

단어 생각, 징검

*버스	요리사	개
bus /	cook /	dog
바위	썰매	사과
rock /	sled /	apple
그녀는	살아있는	벽
she /	alive /	wall

Up-grade 연습하면 영어 회화의 기초 감각으로 회화가 가능해진다!

학습자의 생각, 느낌을 영어단어 소리로 표현해내기
* 표시는 한국어 표기 외래어. 원어민 소리가 아님.

한국어를 영어 소리로 하면
영어 회화가 시작이다!
'음성녹음' 앱으로 녹음해 보세요!

190page
류기오式 영어회화 징검다리 화법을 이용하여, 재미로 100번 연습 후 미국사람에게 영어를 말하듯 본인 음성을 녹음해내자!

· 한국어 단어로 꼭 영어 단어 소리를 익혀내는
'습관'을 길들여야 영어 회화가 술술술 저절로 된다.

단어 생각, 징검

| 단지 pot | / | 새끼양 lamb | / | 입 mouth |

| 농장 farm | / | 베개 pillow | / | 마음 heart |

| 구획 block | / | *쨈 jam | / | 언덕 hill |

Up-grade 연습하면 영어 회화의 기초 감각으로 회화가 가능해진다!

학습자의 생각, 느낌을 영어단어 소리로 표현해내기
* 표시는 한국어 표기 외래어. 원어민 소리가 아님.

한국어를 영어 소리로 하면
영어 회화가 시작이다!
'음성녹음' 앱으로 녹음해 보세요!

190page
류기오式 영어회화 징검다리 화법을 이용하여, 재미로 100번 연습 후 미국사람에게 영어를 말하듯 본인 음성을 녹음해내자!

· 한국어 단어로 꼭 영어 단어 소리를 익혀내는
'습관'을 길들여야 영어 회화가 술술술 저절로 된다.

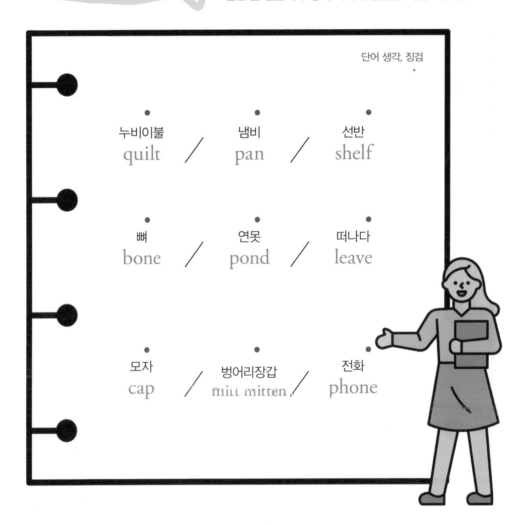

단어 생각, 징검

누비이불 / 냄비 / 선반
quilt / pan / shelf

뼈 / 연못 / 떠나다
bone / pond / leave

모자 / 벙어리장갑 / 전화
cap / mitt mitten / phone

Up-grade 연습하면 영어 회화의 기초 감각으로 회화가 가능해진다!

연습 횟수 재미로 100번 이상

학습자의 생각, 느낌을 영어단어 소리로 표현해내기
* 표시는 한국어 표기 외래어. 원어민 소리가 아님.

한국어를 영어 소리로 하면
영어 회화가 시작이다!
'음성녹음' 앱으로 녹음해 보세요!

190page
류기오式 영어회화 징검다리 화법을
이용하여, 재미로 100번 연습 후 미
국사람에게 영어를 말하듯 본인 음성
을 녹음해내자!

· 한국어 단어로 꼭 영어 단어 소리를 익혀내는
'습관'을 길들여야 영어 회화가 술술술 저절로 된다.

단어 생각, 징검

| 행복한 | / | 투수 | / | 모래언덕 |
| happy | | pitcher | | dune |

| 모자 | / | 감사하다 | / | *펜 |
| hat | | thank | | pen |

| 방망이 | / | 꽃 | / | 자동차 |
| bat | | flower | | car |

Up-grade 연습하면 영어 회화의 기초 감각으로 회화가 가능해진다!

학습자의 생각, 느낌을 영어단어 소리로 표현해내기
* 표시는 한국어 표기 외래어. 원어민 소리가 아님.

한국어를 영어 소리로 하면
영어 회화가 시작이다!
'음성녹음' 앱으로 녹음해 보세요!

190page
류기오式 영어회화 징검다리 화법을
이용하여, 재미로 100번 연습 후 미
국사람에게 영어를 말하듯 본인 음성
을 녹음해내자!

· 한국어 단어로 꼭 영어 단어 소리를 익혀내는
'습관'을 길들여야 영어 회화가 술술술 저절로 된다.

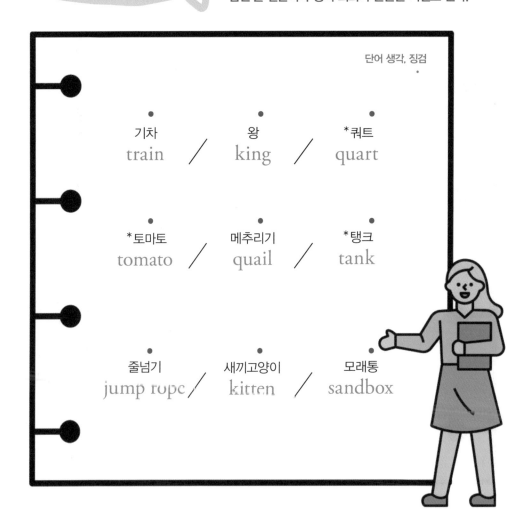

단어 생각, 징검

기차 / 왕 / *쿼트
train / king / quart

*토마토 / 메추리기 / *탱크
tomato / quail / tank

줄넘기 / 새끼고양이 / 모래통
jump rope / kitten / sandbox

Up-grade 연습하면 영어 회화의 기초 감각으로 회화가 가능해진다!

학습자의 생각, 느낌을 영어단어 소리로 표현해내기
* 표시는 한국어 표기 외래어. 원어민 소리가 아님.

한국어를 영어 소리로 하면
영어 회화가 시작이다!
'음성녹음' 앱으로 녹음해 보세요!

190page
류기오式 영어회화 징검다리 화법을 이용하여, 재미로 100번 연습 후 미국사람에게 영어를 말하듯 본인 음성을 녹음해내자!

· 한국어 단어로 꼭 영어 단어 소리를 익혀내는
'습관'을 길들여야 영어 회화가 술술술 저절로 된다.

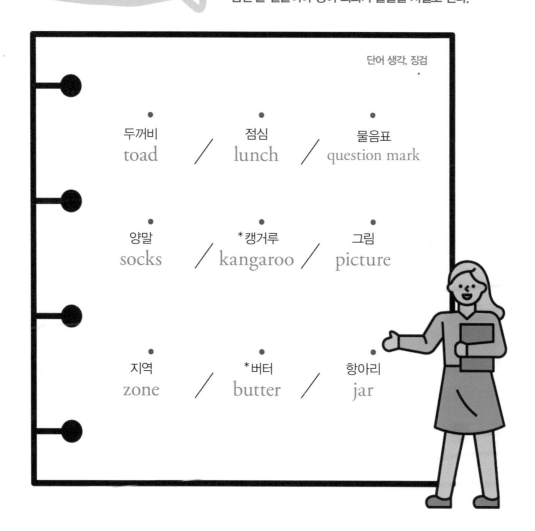

단어 생각, 징검

두꺼비
toad / 점심
lunch / 물음표
question mark

양말
socks / *캥거루
kangaroo / 그림
picture

지역
zone / *버터
butter / 항아리
jar

Up-grade 연습하면 영어 회화의 기초 감각으로 회화가 가능해진다!

학습자의 생각, 느낌을 영어단어 소리로 표현해내기
* 표시는 한국어 표기 외래어. 원어민 소리가 아님.

한국어를 영어 소리로 하면
영어 회화가 시작이다!
'음성녹음' 앱으로 녹음해 보세요!

190page
류기오式 영어회화 징검다리 화법을
이용하여, 재미로 100번 연습 후 미
국사람에게 영어를 말하듯 본인 음성
을 녹음해내자!

· 한국어 단어로 꼭 영어 단어 소리를 익혀내는
'습관'을 길들여야 영어 회화가 술술술 저절로 된다.

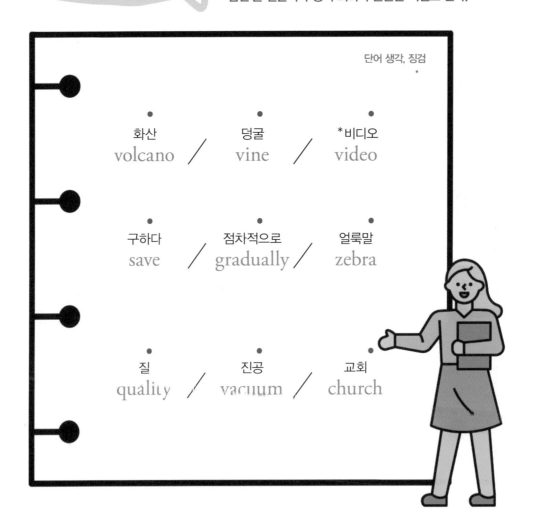

단어 생각, 징검

화산 / 덩굴 / *비디오
volcano / vine / video

구하다 / 점차적으로 / 얼룩말
save / gradually / zebra

질 / 진공 / 교회
quality / vacuum / church

Up-grade 연습하면 영어 회화의 기초 감각으로 회화가 가능해진다!

학습자의 생각, 느낌을 영어단어 소리로 표현해내기
* 표시는 한국어 표기 외래어. 원어민 소리가 아님.

한국어를 영어 소리로 하면
영어 회화가 시작이다!
'음성녹음' 앱으로 녹음해 보세요!

190page
류기오式 영어회화 징검다리 화법을 이용하여, 재미로 100번 연습 후 미국사람에게 영어를 말하듯 본인 음성을 녹음해내자!

· 한국어 단어로 꼭 영어 단어 소리를 익혀내는 '습관'을 길들여야 영어 회화가 술술술 저절로 된다.

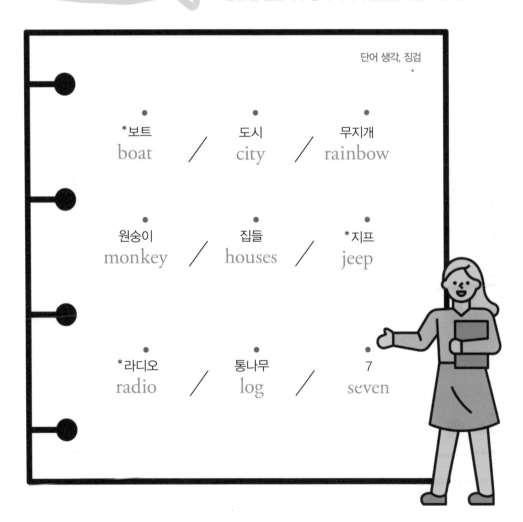

단어 생각, 징검

*보트 / 도시 / 무지개
boat / city / rainbow

원숭이 / 집들 / *지프
monkey / houses / jeep

*라디오 / 통나무 / 7
radio / log / seven

Up-grade 연습하면 영어 회화의 기초 감각으로 회화가 가능해진다!

학습자의 생각, 느낌을 영어단어 소리로 표현해내기
* 표시는 한국어 표기 외래어. 원어민 소리가 아님.

한국어를 영어 소리로 하면
영어 회화가 시작이다!
'음성녹음' 앱으로 녹음해 보세요!

190page
류기오式 영어회화 징검다리 화법을
이용하여, 재미로 100번 연습 후 미
국사람에게 영어를 말하듯 본인 음성
을 녹음해내자!

· 한국어 단어로 꼭 영어 단어 소리를 익혀내는
   '습관'을 길들여야 영어 회화가 술술술 저절로 된다.

단어 생각, 징검

| 아니오 | 이것들 | 유리 |
| no | these | glass |

| 거기에 | 우물 | 노랑색 |
| there | well | yellow |

| '(붙)잡다 catch'의 과거형 | 수레 | 그들의 |
| caught | wagon | their |

Up-grade 연습하면 영어 회화의 기초 감각으로 회화가 가능해진다!

학습자의 생각, 느낌을 영어단어 소리로 표현해내기
* 표시는 한국어 표기 외래어. 원어민 소리가 아님.

한국어를 영어 소리로 하면
영어 회화가 시작이다!
'음성녹음' 앱으로 녹음해 보세요!

190page
류기오式 영어회화 징검다리 화법을 이용하여, 재미로 100번 연습 후 미국사람에게 영어를 말하듯 본인 음성을 녹음해내자!

· 한국어 단어로 꼭 영어 단어 소리를 익혀내는 '습관'을 길들여야 영어 회화가 술술술 저절로 된다.

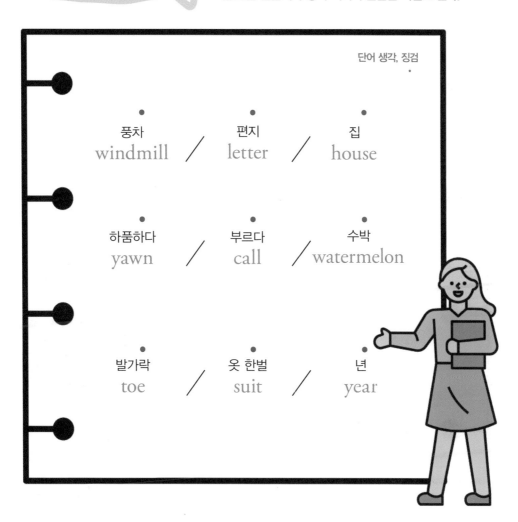

단어 생각, 징검

| 풍차 | 편지 | 집 |
| windmill / | letter / | house |

| 하품하다 | 부르다 | 수박 |
| yawn / | call / | watermelon |

| 발가락 | 옷 한벌 | 년 |
| toe / | suit / | year |

Up-grade 연습하면 영어 회화의 기초 감각으로 회화가 가능해진다!

학습자의 생각, 느낌을 영어단어 소리로 표현해내기
* 표시는 한국어 표기 외래어. 원어민 소리가 아님.

한국어를 영어 소리로 하면
영어 회화가 시작이다!
'음성녹음' 앱으로 녹음해 보세요!

190page
류기오式 영어회화 징검다리 화법을
이용하여, 재미로 100번 연습 후 미
국사람에게 영어를 말하듯 본인 음성
을 녹음해내자!

· 한국어 단어로 꼭 영어 단어 소리를 익혀내는
'습관'을 길들여야 영어 회화가 술술술 저절로 된다.

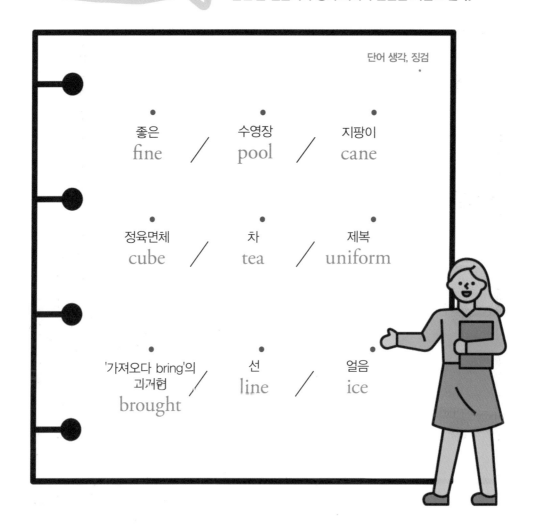

단어 생각, 징검

| 좋은 | / | 수영장 | / | 지팡이 |
| fine | | pool | | cane |

| 정육면체 | / | 차 | / | 제복 |
| cube | | tea | | uniform |

| '가져오다 bring'의 괴거헝 | / | 선 | / | 얼음 |
| brought | | line | | ice |

Up-grade 연습하면 영어 회화의 기초 감각으로 회화가 가능해진다!

연습 횟수 재미로 100번 이상

학습자의 생각, 느낌을 영어단어 소리로 표현해내기
* 표시는 한국어 표기 외래어. 원어민 소리가 아님.

한국어를 영어 소리로 하면
영어 회화가 시작이다!
'음성녹음' 앱으로 녹음해 보세요!

190page
류기오式 영어회화 징검다리 화법을
이용하여, 재미로 100번 연습 후 미
국사람에게 영어를 말하듯 본인 음성
을 녹음해내자!

· 한국어 단어로 꼭 영어 단어 소리를 익혀내는
  '습관'을 길들여야 영어 회화가 술술술 저절로 된다.

단어 생각, 징검

연 / 알다 / 마음
kite / know / mind

벌 / 들판 / *코트
bee / field / coat

잠들어 / 갈퀴 / 깨물다
asleep / rake / bite

Up-grade 연습하면 영어 회화의 기초 감각으로 회화가 가능해진다!

연습 횟수 재미로 100번 이상

학습자의 생각, 느낌을 영어단어 소리로 표현해내기
* 표시는 한국어 표기 외래어. 원어민 소리가 아님.

한국어를 영어 소리로 하면
영어 회화가 시작이다!
'음성녹음' 앱으로 녹음해 보세요!

190page
류기오式 영어회화 징검다리 화법을 이용하여, 재미로 100번 연습 후 미국사람에게 영어를 말하듯 본인 음성을 녹음해내자!

· 한국어 단어로 꼭 영어 단어 소리를 익혀내는
'습관'을 길들여야 영어 회화가 술술술 저절로 된다.

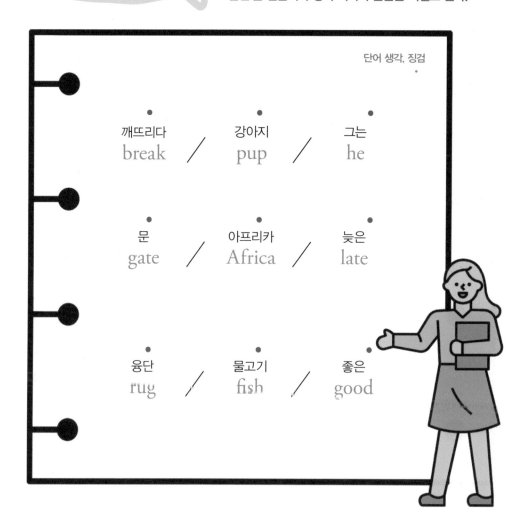

단어 생각, 징검

깨뜨리다 / 강아지 / 그는
break / pup / he

문 / 아프리카 / 늦은
gate / Africa / late

융단 / 물고기 / 좋은
rug / fish / good

Up-grade 연습하면 영어 회화의 기초 감각으로 회화가 가능해진다!

학습자의 생각, 느낌을 영어단어 소리로 표현해내기
* 표시는 한국어 표기 외래어. 원어민 소리가 아님.

한국어를 영어 소리로 하면
영어 회화가 시작이다!
'음성녹음' 앱으로 녹음해 보세요!

190page
류기오式 영어회화 징검다리 화법을 이용하여, 재미로 100번 연습 후 미국사람에게 영어를 말하듯 본인 음성을 녹음해내자!

· 한국어 단어로 꼭 영어 단어 소리를 익혀내는
'습관'을 길들여야 영어 회화가 술술술 저절로 된다.

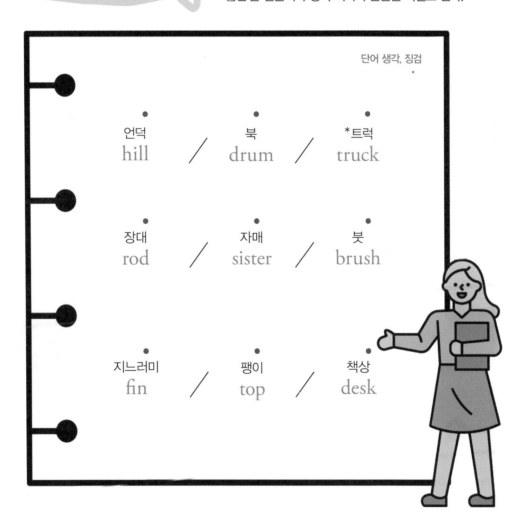

단어 생각, 징검

언덕 / 북 / *트럭
hill / drum / truck

장대 / 자매 / 붓
rod / sister / brush

지느러미 / 팽이 / 책상
fin / top / desk

Up-grade 연습하면 영어 회화의 기초 감각으로 회화가 가능해진다!

학습자의 생각, 느낌을 영어단어 소리로 표현해내기
* 표시는 한국어 표기 외래어. 원어민 소리가 아님.

한국어를 영어 소리로 하면
영어 회화가 시작이다!
'음성녹음' 앱으로 녹음해 보세요!

190page
류기오式 영어회화 징검다리 화법을 이용하여, 재미로 100번 연습 후 미국사람에게 영어를 말하듯 본인 음성을 녹음해내자!

· 한국어 단어로 꼭 영어 단어 소리를 익혀내는
'습관'을 길들여야 영어 회화가 술술술 저절로 된다.

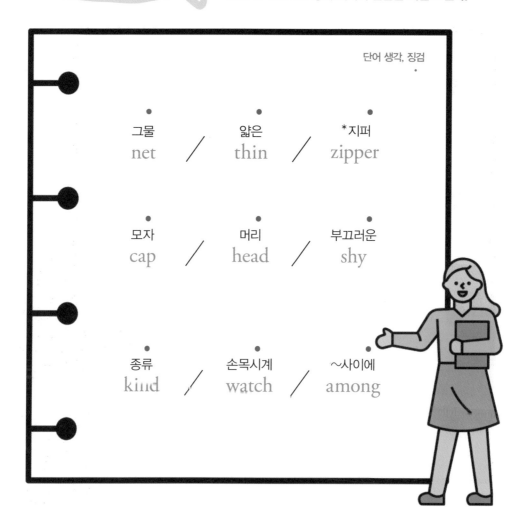

단어 생각, 징검

| 그물 | 얇은 | *지퍼 |
| net | thin | zipper |

| 모자 | 머리 | 부끄러운 |
| cap | head | shy |

| 종류 | 손목시계 | ~사이에 |
| kind | watch | among |

Up-grade 연습하면 영어 회화의 기초 감각으로 회화가 가능해진다!

학습자의 생각, 느낌을 영어단어 소리로 표현해내기
* 표시는 한국어 표기 외래어. 원어민 소리가 아님.

한국어를 영어 소리로 하면
영어 회화가 시작이다!
'음성녹음' 앱으로 녹음해 보세요!

190page
류기오式 영어회화 징검다리 화법을
이용하여, 재미로 100번 연습 후 미
국사람에게 영어를 말하듯 본인 음성
을 녹음해내자!

· 한국어 단어로 꼭 영어 단어 소리를 익혀내는
'습관'을 길들여야 영어 회화가 술술술 저절로 된다.

단어 생각, 징검

미국   설탕   친구
America   /   sugar   /   friend

소나무   개미   *왁스
pine   /   ant   /   wax

누비이불   조끼   사슴
quilt   /   vest   /   deer

Up-grade 연습하면 영어 회화의 기초 감각으로 회화가 가능해진다!

학습자의 생각, 느낌을 영어단어 소리로 표현해내기
* 표시는 한국어 표기 외래어. 원어민 소리가 아님.

한국어를 영어 소리로 하면
영어 회화가 시작이다!
'음성녹음' 앱으로 녹음해 보세요!

190page
류기오式 영어회화 징검다리 화법을 이용하여, 재미로 100번 연습 후 미국사람에게 영어를 말하듯 본인 음성을 녹음해내자!

· 한국어 단어로 꼭 영어 단어 소리를 익혀내는
'습관'을 길들여야 영어 회화가 술술술 저절로 된다.

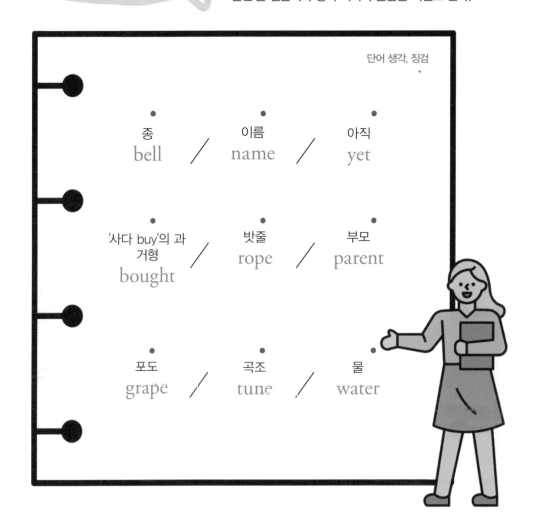

단어 생각, 징검

종
bell / 이름
name / 아직
yet

'사다 buy'의 과
거형
bought / 밧줄
rope / 부모
parent

포도
grape / 곡조
tune / 물
water

Up-grade 연습하면 영어 회화의 기초 감각으로 회화가 가능해진다!

학습자의 생각, 느낌을 영어단어 소리로 표현해내기
* 표시는 한국어 표기 외래어. 원어민 소리가 아님.

한국어를 영어 소리로 하면
영어 회화가 시작이다!
'음성녹음' 앱으로 녹음해 보세요!

190page
류기오式 영어회화 징검다리 화법을 이용하여, 재미로 100번 연습 후 미국사람에게 영어를 말하듯 본인 음성을 녹음해내자!

· 한국어 단어로 꼭 영어 단어 소리를 익혀내는
'습관'을 길들여야 영어 회화가 술술술 저절로 된다.

단어 생각, 징검

| 쥐 | | 빨강 | | 저것들 |
| mouse | / | red | / | those |

| 새 | | 뿌리 | | 시간 |
| bird | / | root | / | time |

| 다리 | | 목재 | | 여섯 번째 |
| leg | / | wood | / | sixth |

Up-grade 연습하면 영어 회화의 기초 감각으로 회화가 가능해진다!

학습자의 생각, 느낌을 영어단어 소리로 표현해내기
* 표시는 한국어 표기 외래어. 원어민 소리가 아님.

한국어를 영어 소리로 하면
영어 회화가 시작이다!
'음성녹음' 앱으로 녹음해 보세요!

190page
류기오式 영어회화 징검다리 화법을
이용하여, 재미로 100번 연습 후 미
국사람에게 영어를 말하듯 본인 음성
을 녹음해내자!

· 한국어 단어로 꼭 영어 단어 소리를 익혀내는
'습관'을 길들여야 영어 회화가 술술술 저절로 된다.

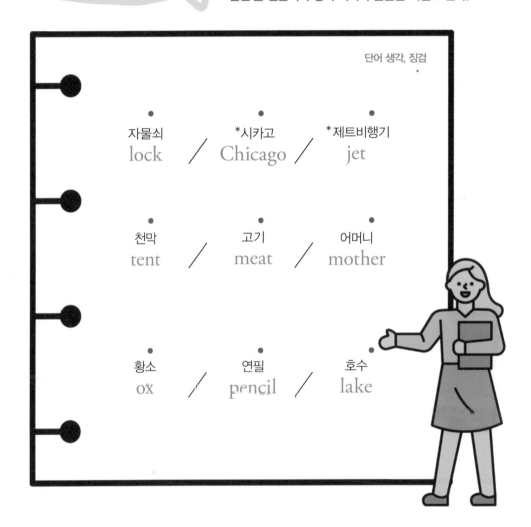

단어 생각, 징검

| 자물쇠 | *시카고 | *제트비행기 |
| lock | Chicago | jet |

| 천막 | 고기 | 어머니 |
| tent | meat | mother |

| 황소 | 연필 | 호수 |
| ox | pencil | lake |

Up-grade 연습하면 영어 회화의 기초 감각으로 회화가 가능해진다!

학습자의 생각, 느낌을 영어단어 소리로 표현해내기
* 표시는 한국어 표기 외래어. 원어민 소리가 아님.

한국어를 영어 소리로 하면
영어 회화가 시작이다!
'음성녹음' 앱으로 녹음해 보세요!

190page
류기오式 영어회화 징검다리 화법을 이용하여, 재미로 100번 연습 후 미국사람에게 영어를 말하듯 본인 음성을 녹음해내자!

· 한국어 단어로 꼭 영어 단어 소리를 익혀내는 '습관'을 길들여야 영어 회화가 술술술 저절로 된다.

단어 생각, 징검

| 나뭇가지 | 우표 | 발 |
| branch | / stamp | / foot |

| 주전자 | 사탕 | 암탉 |
| kettle | / candy | / hen |

| 만나다 | 점 | 손바닥 |
| meet | / dot | / palm |

Up-grade 연습하면 영어 회화의 기초 감각으로 회화가 가능해진다!

190page

연습 횟수 재미로 100번 이상

학습자의 생각, 느낌을 영어단어 소리로 표현해내기
* 표시는 한국어 표기 외래어. 원어민 소리가 아님.

한국어를 영어 소리로 하면
영어 회화가 시작이다!
'음성녹음' 앱으로 녹음해 보세요!

류기오式 영어회화 징검다리 화법을 이용하여, 재미로 100번 연습 후 미국사람에게 영어를 말하듯 본인 음성을 녹음해내자!

· 한국어 단어로 꼭 영어 단어 소리를 익혀내는
  '습관'을 길들여야 영어 회화가 술술술 저절로 된다.

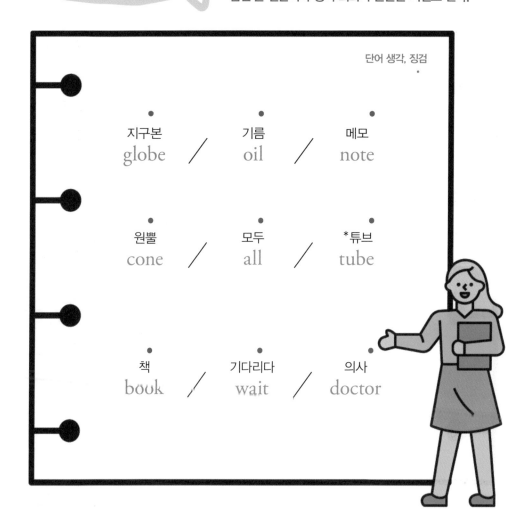

단어 생각, 징검

| 지구본 | / | 기름 | / | 메모 |
| globe | | oil | | note |

| 원뿔 | / | 모두 | / | *튜브 |
| cone | | all | | tube |

| 책 | / | 기다리다 | / | 의사 |
| book | | wait | | doctor |

Up-grade 연습하면 영어 회화의 기초 감각으로 회화가 가능해진다!

연습 횟수 재미로 100번 이상

학습자의 생각, 느낌을 영어단어 소리로 표현해내기
* 표시는 한국어 표기 외래어. 원어민 소리가 아님.

한국어를 영어 소리로 하면
영어 회화가 시작이다!
'음성녹음' 앱으로 녹음해 보세요!

> 190page
> 류기오式 영어회화 징검다리 화법을 이용하여, 재미로 100번 연습 후 미국사람에게 영어를 말하듯 본인 음성을 녹음해내자!

· 한국어 단어로 꼭 영어 단어 소리를 익혀내는
'습관'을 길들여야 영어 회화가 술술술 저절로 된다.

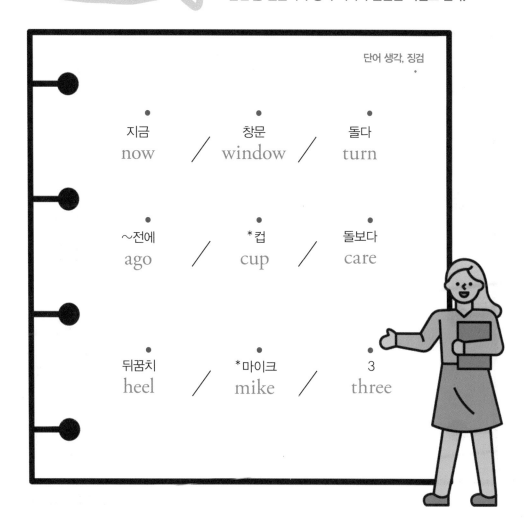

단어 생각, 징검

지금	/	창문	/	돌다
now		window		turn
~전에	/	*컵	/	돌보다
ago		cup		care
뒤꿈치	/	*마이크	/	3
heel		mike		three

Up-grade 연습하면 영어 회화의 기초 감각으로 회화가 가능해진다!

학습자의 생각, 느낌을 영어단어 소리로 표현해내기
* 표시는 한국어 표기 외래어. 원어민 소리가 아님.

한국어를 영어 소리로 하면
영어 회화가 시작이다!
'음성녹음' 앱으로 녹음해 보세요!

190page
류기오式 영어회화 징검다리 화법을
이용하여, 재미로 100번 연습 후 미
국사람에게 영어를 말하듯 본인 음성
을 녹음해내자!

· 한국어 단어로 꼭 영어 단어 소리를 익혀내는
  '습관'을 길들여야 영어 회화가 술술술 저절로 된다.

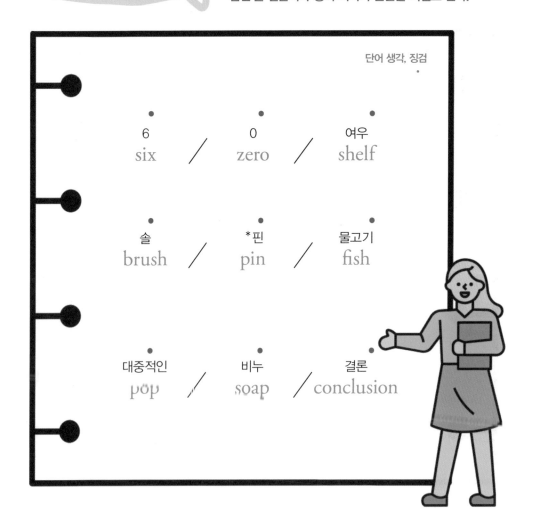

Up-grade 연습하면 영어 회화의 기초 감각으로 회화가 가능해진다!

연습 횟수 재미로 100번 이상

학습자의 생각, 느낌을 영어단어 소리로 표현해내기
* 표시는 한국어 표기 외래어. 원어민 소리가 아님.

한국어를 영어 소리로 하면
영어 회화가 시작이다!
'음성녹음' 앱으로 녹음해 보세요!

190page
류기오式 영어회화 징검다리 화법을 이용하여, 재미로 100번 연습 후 미국사람에게 영어를 말하듯 본인 음성을 녹음해내자!

· 한국어 단어로 꼭 영어 단어 소리를 익혀내는 '습관'을 길들여야 영어 회화가 술술술 저절로 된다.

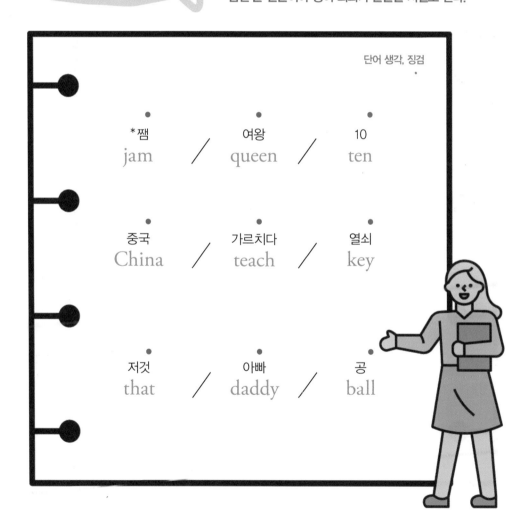

단어 생각, 징검

*쨈   여왕   10
jam   / queen / ten

중국   가르치다   열쇠
China / teach   / key

저것   아빠   공
that   / daddy   / ball

Up-grade 연습하면 영어 회화의 기초 감각으로 회화가 가능해진다!

학습자의 생각, 느낌을 영어단어 소리로 표현해내기
* 표시는 한국어 표기 외래어. 원어민 소리가 아님.

한국어를 영어 소리로 하면
영어 회화가 시작이다!
'음성녹음' 앱으로 녹음해 보세요!

> 190page
> 류기오式 영어회화 징검다리 화법을 이용하여, 재미로 100번 연습 후 미국사람에게 영어를 말하듯 본인 음성을 녹음해내자!

· 한국어 단어로 꼭 영어 단어 소리를 익혀내는 '습관'을 길들여야 영어 회화가 술술술 저절로 된다.

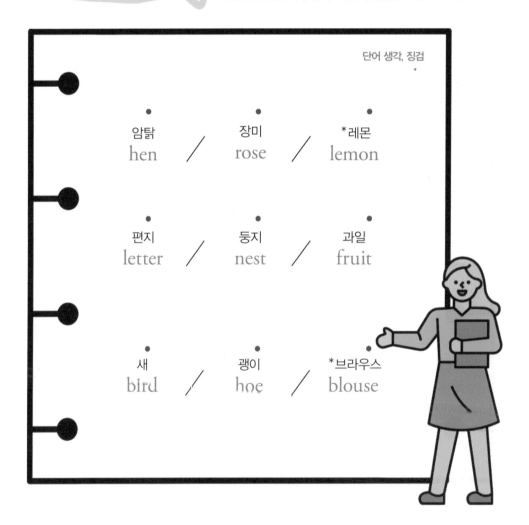

단어 생각, 징검

| 암탉 | / | 장미 | / | *레몬 |
| hen | / | rose | / | lemon |

| 편지 | / | 둥지 | / | 과일 |
| letter | / | nest | / | fruit |

| 새 | / | 괭이 | / | *브라우스 |
| bird | / | hoe | / | blouse |

Up-grade 연습하면 영어 회화의 기초 감각으로 회화가 가능해진다!

학습자의 생각, 느낌을 영어단어 소리로 표현해내기
* 표시는 한국어 표기 외래어. 원어민 소리가 아님.

한국어를 영어 소리로 하면
영어 회화가 시작이다!
'음성녹음' 앱으로 녹음해 보세요!

190page
류기오式 영어회화 징검다리 화법을 이용하여, 재미로 100번 연습 후 미국사람에게 영어를 말하듯 본인 음성을 녹음해내자!

· 한국어 단어로 꼭 영어 단어 소리를 익혀내는
'습관'을 길들여야 영어 회화가 술술술 저절로 된다.

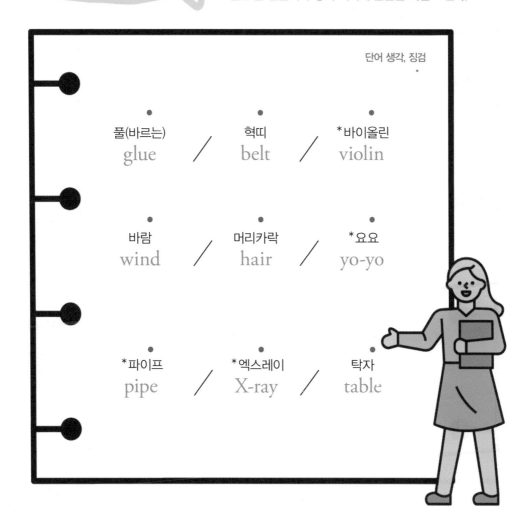

단어 생각, 징검

풀(바르는) / 혁띠 / *바이올린
glue / belt / violin

바람 / 머리카락 / *요요
wind / hair / yo-yo

*파이프 / *엑스레이 / 탁자
pipe / X-ray / table

Up-grade 연습하면 영어 회화의 기초 감각으로 회화가 가능해진다!

학습자의 생각, 느낌을 영어단어 소리로 표현해내기
* 표시는 한국어 표기 외래어. 원어민 소리가 아님.

한국어를 영어 소리로 하면
영어 회화가 시작이다!
'음성녹음' 앱으로 녹음해 보세요!

190page
류기오式 영어회화 징검다리 화법을
이용하여, 재미로 100번 연습 후 미
국사람에게 영어를 말하듯 본인 음성
을 녹음해내자!

· 한국어 단어로 꼭 영어 단어 소리를 익혀내는
'습관'을 길들여야 영어 회화가 술술술 저절로 된다.

단어 생각, 징검

| 뱀장어 | 깡통 | 연 |
| eel / | can / | kite |

| 사나이 | 준비가 된 | 책상 |
| jack / | ready / | desk |

| 5 | 이것 | 우유 |
| five / | this / | milk |

Up-grade 연습하면 영어 회화의 기초 감각으로 회화가 가능해진다!

학습자의 생각, 느낌을 영어단어 소리로 표현해내기
* 표시는 한국어 표기 외래어. 원어민 소리가 아님.

한국어를 영어 소리로 하면
영어 회화가 시작이다!
'음성녹음' 앱으로 녹음해 보세요!

190page
류기오式 영어회화 징검다리 화법을
이용하여, 재미로 100번 연습 후 미
국사람에게 영어를 말하듯 본인 음성
을 녹음해내자!

· 한국어 단어로 꼭 영어 단어 소리를 익혀내는
'습관'을 길들여야 영어 회화가 술술술 저절로 된다.

단어 생각, 징검

태양 / 그물 / 맛보다
sun / net / taste

호수 / 어린이 / 맛
lake / child / zest

실 / 주전자 / 벌레
yarn / jug / bug

Up-grade 연습하면 영어 회화의 기초 감각으로 회화가 가능해진다!

학습자의 생각, 느낌을 영어단어 소리로 표현해내기
* 표시는 한국어 표기 외래어. 원어민 소리가 아님.

한국어를 영어 소리로 하면
영어 회화가 시작이다!
'음성녹음' 앱으로 녹음해 보세요!

190page
류기오式 영어회화 징검다리 화법을
이용하여, 재미로 100번 연습 후 미
국사람에게 영어를 말하듯 본인 음성
을 녹음해내자!

· 한국어 단어로 꼭 영어 단어 소리를 익혀내는
  '습관'을 길들여야 영어 회화가 술술술 저절로 된다.

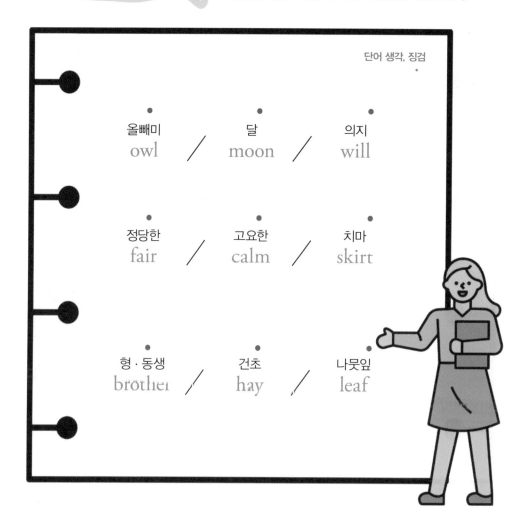

단어 생각, 징검

| 올빼미 | 달 | 의지 |
| owl / | moon / | will |

| 정당한 | 고요한 | 치마 |
| fair / | calm / | skirt |

| 형 · 동생 | 건초 | 나뭇잎 |
| brother / | hay / | leaf |

Up-grade 연습하면 영어 회화의 기초 감각으로 회화가 가능해진다!

학습자의 생각, 느낌을 영어단어 소리로 표현해내기
* 표시는 한국어 표기 외래어. 원어민 소리가 아님.

한국어를 영어 소리로 하면
영어 회화가 시작이다!
'음성녹음' 앱으로 녹음해 보세요!

190page
류기오式 영어회화 징검다리 화법을 이용하여, 재미로 100번 연습 후 미국사람에게 영어를 말하듯 본인 음성을 녹음해내자!

· 한국어 단어로 꼭 영어 단어 소리를 익혀내는
'습관'을 길들여야 영어 회화가 술술술 저절로 된다.

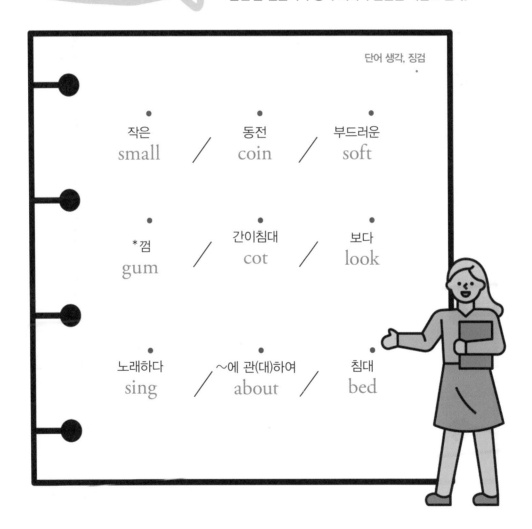

단어 생각, 징검

작은
small / 동전
coin / 부드러운
soft

*껌
gum / 간이침대
cot / 보다
look

노래하다
sing / ~에 관(대)하여
about / 침대
bed

Up-grade 연습하면 영어 회화의 기초 감각으로 회화가 가능해진다!

학습자의 생각, 느낌을 영어단어 소리로 표현해내기
* 표시는 한국어 표기 외래어. 원어민 소리가 아님.

한국어를 영어 소리로 하면
영어 회화가 시작이다!
'음성녹음' 앱으로 녹음해 보세요!

190page
류기오式 영어회화 징검다리 화법을 이용하여, 재미로 100번 연습 후 미국사람에게 영어를 말하듯 본인 음성을 녹음해내자!

· 한국어 단어로 꼭 영어 단어 소리를 익혀내는
'습관'을 길들여야 영어 회화가 술술술 저절로 된다.

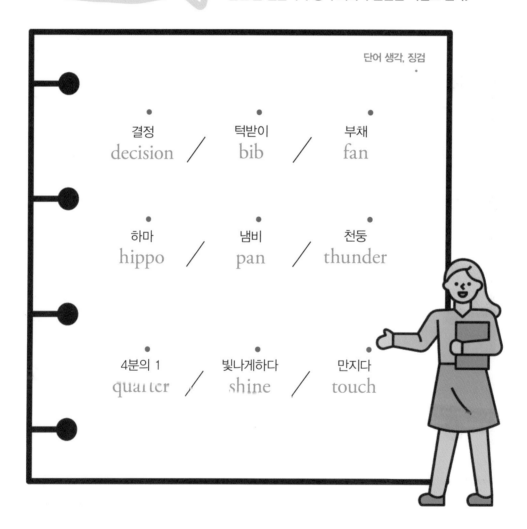

단어 생각, 징검

| 결정 | 턱받이 | 부채 |
| decision / | bib / | fan |

| 하마 | 냄비 | 천둥 |
| hippo / | pan / | thunder |

| 4분의 1 | 빛나게하다 | 만지다 |
| quarter / | shine / | touch |

Up-grade 연습하면 영어 회화의 기초 감각으로 회화가 가능해진다!

학습자의 생각, 느낌을 영어단어 소리로 표현해내기
* 표시는 한국어 표기 외래어. 원어민 소리가 아님.

한국어를 영어 소리로 하면
영어 회화가 시작이다!
'음성녹음' 앱으로 녹음해 보세요!

190page
류기오式 영어회화 징검다리 화법을 이용하여, 재미로 100번 연습 후 미국사람에게 영어를 말하듯 본인 음성을 녹음해내자!

· 한국어 단어로 꼭 영어 단어 소리를 익혀내는
'습관'을 길들여야 영어 회화가 술술 저절로 된다.

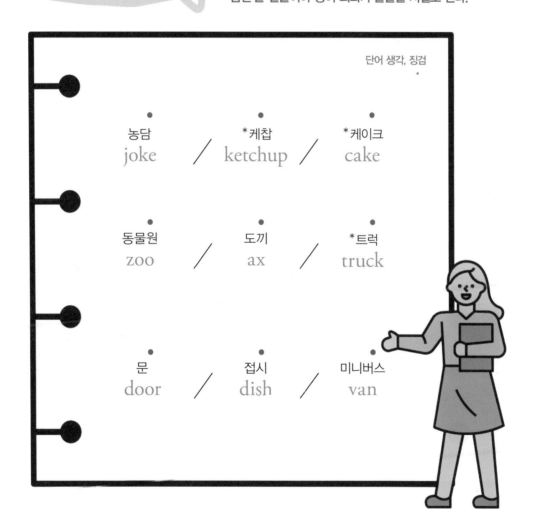

단어 생각, 징검

농담
joke / *케챱
ketchup / *케이크
cake

동물원
zoo / 도끼
ax / *트럭
truck

문
door / 접시
dish / 미니버스
van

Up-grade 연습하면 영어 회화의 기초 감각으로 회화가 가능해진다!

학습자의 생각, 느낌을 영어단어 소리로 표현해내기
* 표시는 한국어 표기 외래어. 원어민 소리가 아님.

한국어를 영어 소리로 하면
영어 회화가 시작이다!
'음성녹음' 앱으로 녹음해 보세요!

190page
류기오式 영어회화 징검다리 화법을
이용하여, 재미로 100번 연습 후 미
국사람에게 영어를 말하듯 본인 음성
을 녹음해내자!

· 한국어 단어로 꼭 영어 단어 소리를 익혀내는
'습관'을 길들여야 영어 회화가 술술술 저절로 된다.

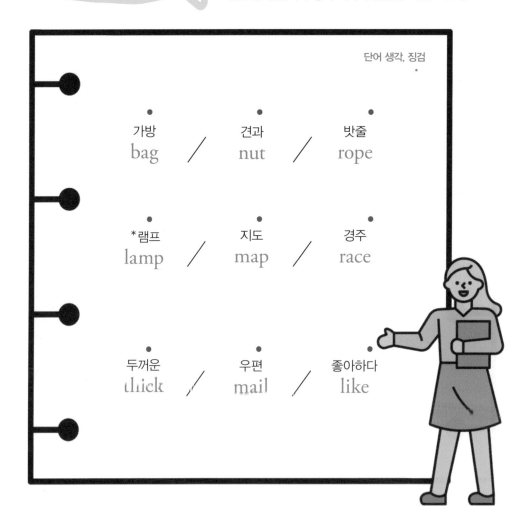

단어 생각, 징검

가방 / 견과 / 밧줄
bag / nut / rope

*램프 / 지도 / 경주
lamp / map / race

두꺼운 / 우편 / 좋아하다
thick / mail / like

Up-grade 연습하면 영어 회화의 기초 감각으로 회화가 가능해진다!

학습자의 생각, 느낌을 영어단어 소리로 표현해내기
*표시는 한국어 표기 외래어. 원어민 소리가 아님.

한국어를 영어 소리로 하면
영어 회화가 시작이다!
'음성녹음' 앱으로 녹음해 보세요!

190page
류기오式 영어회화 징검다리 화법을 이용하여, 재미로 100번 연습 후 미국사람에게 영어를 말하듯 본인 음성을 녹음해내자!

· 한국어 단어로 꼭 영어 단어 소리를 익혀내는
'습관'을 길들여야 영어 회화가 술술술 저절로 된다.

단어 생각, 징검

*싸인 / *센트 / 선
sign / cent / line

~보다 / 오리 / 사자
than / duck / lion

손·발톱 / *뉴스 / *글라이더
nail / news / glider

Up-grade 연습하면 영어 회화의 기초 감각으로 회화가 가능해진다!

연습 횟수 재미로 100번 이상

학습자의 생각, 느낌을 영어단어 소리로 표현해내기
* 표시는 한국어 표기 외래어. 원어민 소리가 아님.

한국어를 영어 소리로 하면
영어 회화가 시작이다!
'음성녹음' 앱으로 녹음해 보세요!

> **190page**
> 류기오式 영어회화 징검다리 화법을 이용하여, 재미로 100번 연습 후 미국사람에게 영어를 말하듯 본인 음성을 녹음해내자!

· 한국어 단어로 꼭 영어 단어 소리를 익혀내는
'습관'을 길들여야 영어 회화가 술술술 저절로 된다.

단어 생각, 징검

그러면		톱		장갑
then	/	saw	/	glove

그들은		~이지만		코
they	/	though	/	nose

*도미노		좋은		바늘
domino	/	good	/	needle

Up-grade 연습하면 영어 회화의 기초 감각으로 회화가 가능해진다!

Please train your English conversation

for yourself everyday happily.

*류기오式 영어회화 징검다리 話法화법으로 영어회화(말) 연습하기

PART 2

영어 회화력 키우기

Chapter 9

'English 회화 한마디씩 말해봐'를
본인 음성으로 녹음해 자랑하자

'English 회화 한마디씩 말해봐'를
본인 음성으로 녹음해 자랑하자
[영어 회화 공부 방식을 바꿔야 한다]

1. 지금까지 영어 문장이나 짜여진 영어 표현으로 한 영어회화 공부는 미리 영어 표현 사고 방식이나 영어 표현문화를 이해하지 않고 무조건 했기에 **영어회화가 망하고 영어회화에 정이 떨어집니다.**

* 류기오式 영어회화 징검다리 화법대로 (Stepping—stone Thinking)

2. 영어 회화에서 사용되는 단어를 먼저 개별적으로 영어 단어 소리 표현 감각을 많이 쌓을수록 영어 회화가 술술술 저절로 됩니다.

※ 앞 〈Chapter 8〉에서 한마디씩 말해봐 연습은 영어 회화 시작이었다.

※ 아래 한국어 단어의 '생각, 느낌'을 영어 단어 소리로 미국 사람에게 영어 회화를 한다는 기분으로 녹음하세요.

※ 녹음 할 때 주의!
서둘지말고 녹음하려는 한국어 단어의 '생각과 느낌'을 영어 단어 소리를 표현할 때마다
'단어 생각, 징검'을 느끼면서 녹음해야 영어 회화 실력이 향상됩니다.
한국어 단어를 영어 단어 소리로 표현할 때마다
'단어 생각, 징검'을 느끼면서

'끓이다 / 이기다 / 아버지'
'boil' / 'win' / 'father'

모든 영어 단어 소리는 이렇게 익혀야 영어 회화가 술술술 자동화가 됩니다.

[영어 단어 소리를 '단어 생각, 징검'을 느끼면서
표현 능력을 기르지 못하면 영어 회화는 절대로 할 수 없습니다.]

※ '음성녹음' 앱으로 녹음해 보세요!
● 다음 '한국어 단어를 영어단어 소리로 자연스럽게 표현할 수 없으면 영어회화' 갈 길이 멀어요.
● 녹음할 때 주의, 꼭 류기오式 영어회화 징검다리 화법 느낌으로 진행해야 합니다.

단어 생각, 징검

끓이다. / 이기다. / 아버지. / 10센트은화. / 안마당. / 텔레비전. / 남자들. / 종이. / 물건. / 공기. / 어떻게. / 돼지. / 간호사. / 편지. / 손. / 개. / 사과. / 벽. / 요리사. / 썰매. / 살아있는. / 버스. / 그녀는. / 상자. / 바위. / 입. / 베개. / 쨈. / 새끼양. / 마음. / 언덕. / 단지. / 구획. / 부엌. / 농장. / 선반. / 벙어리 장갑. / 전화. / 연못. / 떠나다. / 모자. / 냄비. / 뼈. / 엄지손가락. / 누비이불. / 투수. / 펜. / 모래언덕. / 감사하다. / 꽃. / 열. / 행복한. / 방망이. / 자전거타기. / 모자. / 쿼트. / 새끼고양이. / 탱크. / 자켓. / 왕. / 토마토. / 줄넘기. / 기차. / 점심. / 항아리. / 지그재그. / 물음표. / 그림. / 지역. / 캥거루. / 양말. / 버터. / 두꺼비. / 비디오. / 교회. / 6. / 점차적으로. / 얼룩말. / 덩굴. / 구하다. / 발렌타인. / 화산. / 지프. / 7. / 통나무. / 무지개. / 집들. / 보트. / 원숭이. / 라디오. / 도시. / 코일. / 노랑색. / 수레. / 유리. / 우물. / 그들의. / 문. / 이것들. / 거기에. / catch(잡다)의 과거형. / 아니오. / 집. / 년. / 옷 한벌. / 편지. / 부르다. / 길. / 풍차. / 하품하다. / 발가락. / 수박. / 지팡이. / (마시는)

차. / 얼음. / 수영장. / 꼬리. / 좋은. / 선. / bring(가져오다)의 과거형. / 정육

면체. / 제목. / 알다. / 코트. / 잠들어. / 마음. / 들판. / 곡조. / 깨물다. / 연. /

갈퀴. / 대단한. / 벌. / 좋은. / 늦은. / 선물. / 강아지. / 아프리카. / 물고기. /

붓. / 깨뜨리다. / 융단. / 그는. / 자매. / 욕조. / 트럭. / 책상. / 북. / 팽이. / 장

대. / 지느러미. / 지퍼. / 부끄러운. / ~사이에. / 머리. / 손목시계. / 종류. / 얇

은. / 모자. / 장난감. / 그물. / 친구. / 왓스. / 조끼다. / 개미. / 누비이불. / 사

슴. / 설탕. / 소나무. / 아래로. / 미국. / 아직. / 부모. / 물. / 밧줄. / 간장. / 이

름. / buy(사다)의 과거형. / 포도. / 종. / 저것들. / 시간. / 입술. / 다리. / 뿌

리. / 10. / 여섯번째. / 빨강. / 새. / 목재. / 쥐. / 제트비행기. / 호수. / 연필.

/ 고기. / 어머니. / ~을 따라서. / 시카고. / 천막. / 황소. / 자물쇠. / 발. / 암

닭. / 점. / 우표. / 사탕. / 손바닥. / 양. / 주전자. / 만나다. / 나뭇가지. / 튜브.

/ 예. / 기다리다. / 메모. / 모두. / 의사. / 기름. / 원뿔. / 책. / 지구본. / 돌보

다. / 마이크. / 노래. / 돌다. / 컵. / 3. / 창문. / ~전에. / 뒤꿈치. / 열쇠. / 지

금. / 남자. / 물고기. / 비누, / 0. / 핀. / 결론. / 여우. / 솔. / 대중적인. / 열쇠.

/ 공. / 코트. / 9. / 가르치다. / 저것. / 여왕. / 중국. / 아빠. / 쨈. / 레몬. / 괭

이. / 블라우스. / 둥지. / 과일. / 장미. / 편지. / 새. / 암닭. / 바이올린. / 요요.

/ 탁자. / 혁띠. / 머리카락. / 파이프. / 남자. / 바람. / 엑스레이. / (바르는)풀. /

연. / 책상. / 이것. / 깡통. / 준비가 된. / 우유. / 조용한. / 사나이. / 5. / 뱀장

어. / 맛보다. / 맛. / 벌레. / 어린이. / 주전자. / 실. / 태양. / 호수. / 게임. / 그

물. / 선. / 의지. / 고요한. / 나뭇잎. / 치마. / 염소. / 건초. / 올빼미. / 정당한.

/ 형 · 동생. / 달. / 부드러운. / 보다. / 간이침대. / 불. / ~에 대하여. / 침대. /

동전. / 껌. / 노래하다. / 작은. / 부채. / 천둥. / 톱. / 만지다. / 턱받이. / 냄비.

/ 4분의 1. / 고양이. / 하마. / 빛이 나게하다. / 결정. / 케이크. / 트럭. / 미니

버스. / 케찹. / 가라앉다. / 접시. / 도끼. / 동물원. / 문. / 농담. / 밧줄. / 지도.

/ 좋아하다. / 견과. / 경주. / 반지. / 우편. / 램프. / 두꺼운. / 가방. / 토끼. /

사자. / 뉴스. / 오리. 글라이더. / 싸인. / ~보다. / 손 · 발톱. / 센트. / 장갑. /

~이지만. / 바늘. / 코. / 좋은. / 그러면. / 그들은. / 도미노.

■ 『영어 발음과 회화 답이 보인다』 이 책(册)을 가지고 원어민 Phonics와 류기오式 영어회화 징검다리 화법으로 영어 회화력을 키우고 나서 원어민 발음과 영어 회화가 자연스럽게 저절로 시작되었던 소감을 작성해주세요!

교재 녹음 파일 수록
유튜브 채널 바로가기

I / always / like / English.

연습하면 자연스러운 원어민 발음과 영어회화력이
성장되었음을 알 수 있습니다.
반드시 재미있게 실천합시다.
영어회화 고민을 이 책(册)으로 끝냅시다.

21세기 4차 산업혁명 시대의 학습자 여러분!
영어 회화를 마음껏 잘하는 사람으로 활동하기를 진심으로 기원합니다.

출판 예고

- 영어 회화 첫 길

- 류기오式 한국형 영어 Phonics 연습 Ground 표標
  〈영어 원어민 발음 익히는 표標〉

- 류기오式 영어 징검 다리 화법話法 연습 Ground 표標

- 영어 회화 공부 실패의 길을 류삿갓이 설명하네

- 영아 회화 공부 성공의 길을 류삿갓이 설명하네